Impressum
Verlag: BABADADA GmbH, Nedderfeld 112 , 22529 Hamburg
Geschäftsführer / Verlagsleitung: Harald Hof
Druck: Books on Demand GmbH, In de Tarpen 42, 22848 Norderstedt

Imprint
Publisher: BABADADA GmbH, Nedderfeld 112 , 22529 Hamburg, Germany
Managing Director / Publishing direction: Harald Hof
Print: Books on Demand GmbH, In de Tarpen 42, 22848 Norderstedt

# sekolo
# school

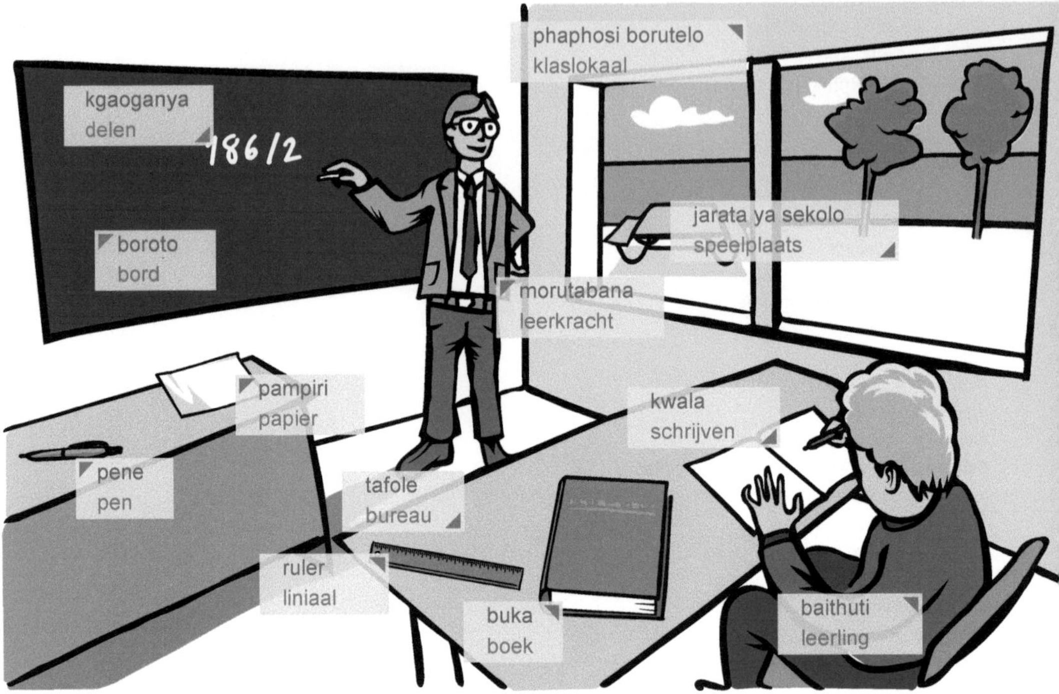
phaphosi borutelo
klaslokaal
kgaoganya
delen
186/2
boroto
bord
jarata ya sekolo
speelplaats
morutabana
leerkracht
pampiri
papier
kwala
schrijven
pene
pen
tafole
bureau
ruler
liniaal
buka
boek
baithuti
leerling

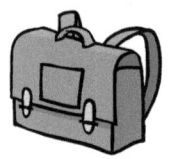

kgetsana ya dibuka

schooltas

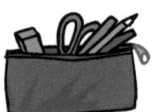

setsenya dipensele

pennenzak

pensele

potlood

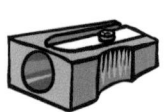

seseta pensele

puntenslijper

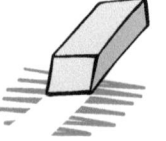

sephimola

gom

boto ya go torowa

tekenblok

torowa

tekening

boratšhe jwa pente

verfborstel

bokose ya pente

verfdoos

dikere

schaar

sekgomaretsi

lijm

buka ya go kwalela

werkboek

tirogae

huiswerk

palo

nummer

tlhakanya

optellen

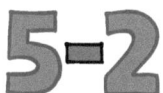

kgaoganya

aftrekken

atisa

vermenigvuldigen

khalkhuleitara

rekenen

lekwalo

letter

alfabete

alfabet

lefoko

woord

**mafoko**

tekst

**bala**

Lezen

**choko**

krijt

**thuto**

les

**rejistara**

klassenboek

**tlhatlhobo**

examen

**setifikeiti**

certificaat

**diaparo tsa sekolo**

schooluniform

**thuto**

onderwijs

**encyclopedia**

encyclopedie

**unibesithi**

universiteit

**mikoroskoupo**

microscoop

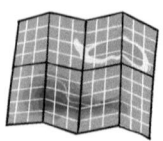

**mmepe**

kaart

**moteme wa dipampiri**

papiermand

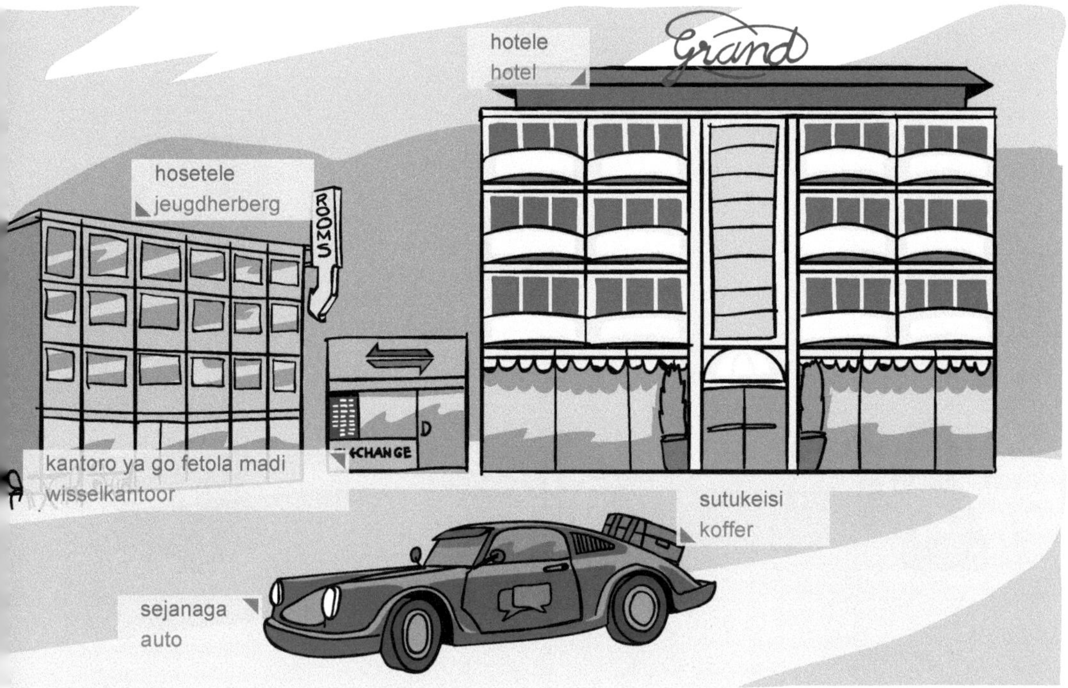

hotele
hotel
Grand
hosetele
jeugdherberg
ROOMS
kantoro ya go fetola madi
wisselkantoor
CHANGE
sutukeisi
koffer
sejanaga
auto

puo
Taal

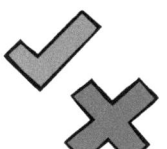

ee / nnyaa
ja / nee

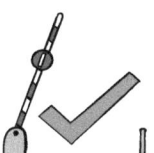

Go siame
oké

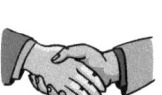

dumela
hallo

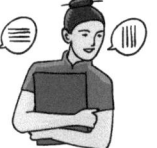

moranodi
vertaler

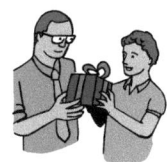

Ke a leboga
bedankt

**ke bokae...?**

Hoeveel kost ...?

**ga ke tlhaloganye**

Ik begrijp het niet

**bothata**

probleem

**O itumelele bosigo!**

Goedenavond!

**Dumela!**

Goedemorgen!

**Robala Sentle!**

Goedenavond!

**tsamaya sentle**

Tot ziens

**tsela**

richting

**dithoto**

bagage

**kgetsi**

zak

**kgetsi**

rugzak

**moeng**

gast

**phaposi**

kamer

**kgetsana ya go robalela**

slaapzak

**mogope**

tent

tshedimosetso ya mojanala

toeristeninformatie

lewatle

strand

karata ya go tsaya sekoloto

kredietkaart

sefitlholo

ontbijt

dijo tsa motshegare

lunch

dijo tsa maitsiboa

avondeten

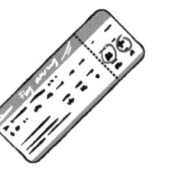

tekete

ticket

lifiti

lift

setempe

postzegel

bodara

grens

dingwao

douane

embassy

ambassade

visa

visum

lokwalo itshupo

paspoort

# sepalangwa
# transport

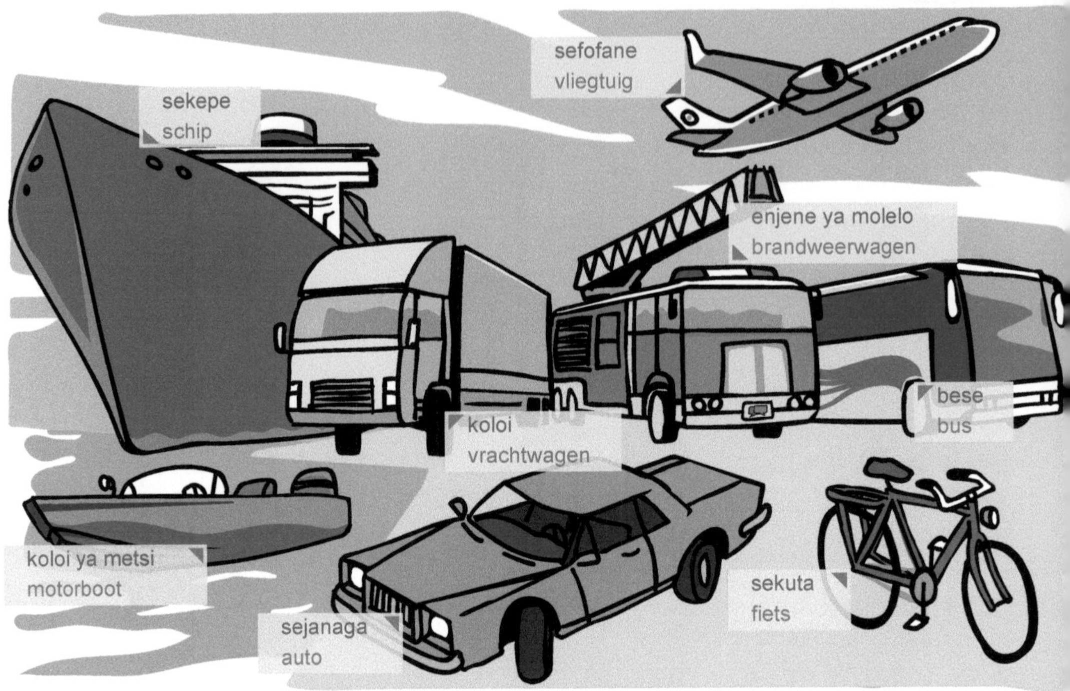
sefofane
vliegtuig
sekepe
schip
enjene ya molelo
brandweerwagen
bese
bus
koloi
vrachtwagen
koloi ya metsi
motorboot
sekuta
fiets
sejanaga
auto

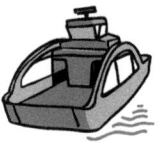

feri

veerboot

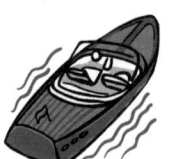

sekepe

boot

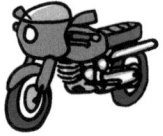

sethuthuthu

motor

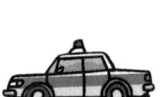

sejanaga sa mapodisa

politiewagen

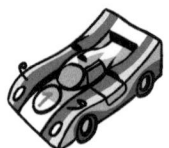

sejanaga sa lobelo

racewagen

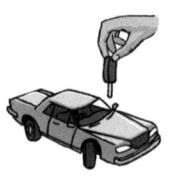

sejanaga se se hirilweng

huurauto

aroganya sejanaga

carpoolen

koloi e e gogang dikoloi tse di robegileng

sleepwagen

koloi e e tsayang matlakala

vuilniswagen

koloi

motor

lookwane

benzine

seteišhene sa lookwane

benzinestation

letshwao la pharakano

verkeersbord

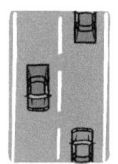

pharakano

verkeer

pharakano

file

lefelo la go emisa koloi

parkeerplaats

seteišhene sa terena

station

mela

sporen

terena

trein

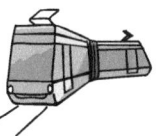

tereme

tram

kolotsana

wagon

sefofane

helikopter

boemeladifofane

luchthaven

tora

toren

mopalami

passagier

sekhafothini

container

bokoso

karton

karaki

kar

basekete

mand

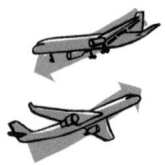

go tsamaya / go fitlha

opstijgen / landen

## toropo

## stad

motse

dorp

legare la teropo

stadscentrum

ntlo

huis

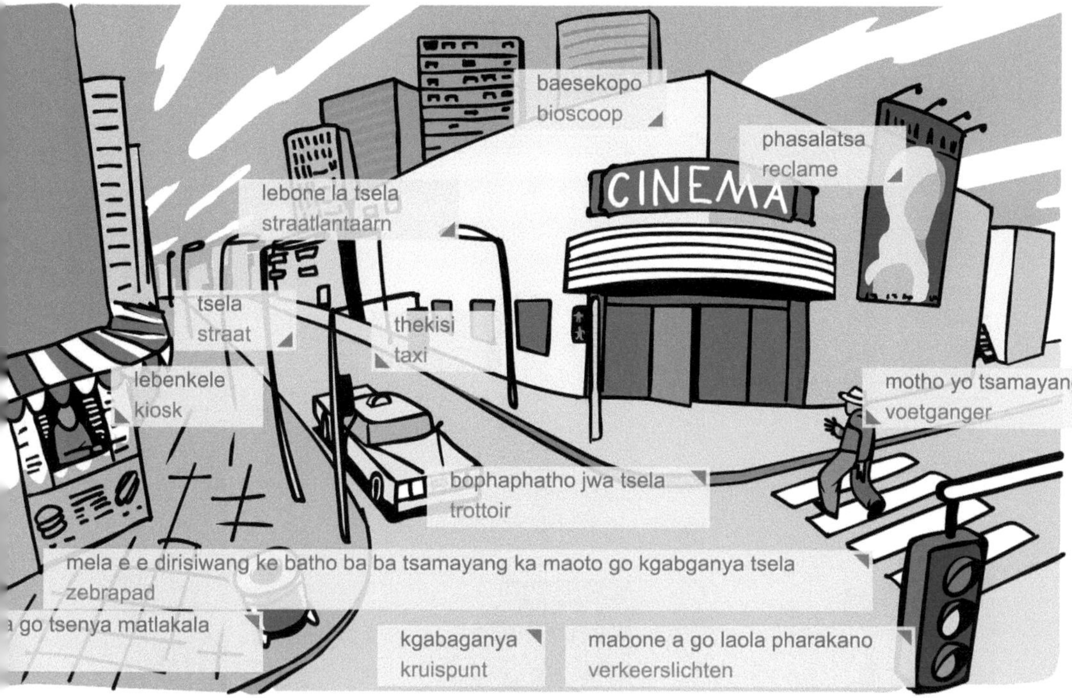

baesekopo
bioscoop

phasalatsa
reclame

lebone la tsela
straatlantaarn

CINEMA

tsela
straat

thekisi
taxi

lebenkele
kiosk

motho yo tsamayang
voetganger

bophaphatho jwa tsela
trottoir

mela e e dirisiwang ke batho ba ba tsamayang ka maoto go kgabganya tsela
zebrapad

a go tsenya matlakala

kgabaganya
kruispunt

mabone a go laola pharakano
verkeerslichten

ntlo e e ruletseng ka bojang

..................

hut

sephara

..................

woning

seteišhene sa terena

..................

station

ntlolehalahala la toropo

..................

stadshuis

museamo

..................

museum

sekolo

..................

school

unibesithi

universiteit

banka

bank

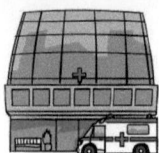

sepetlele

ziekenhuis

hotele

hotel

lefelo la melemo

apotheek

kantoro

kantoor

lebenkele la dibuka

boekwinkel

lebenkele

winkel

batho ba ba rekisang malomo

bloemenwinkel

lebenkele

supermarkt

maraka

markt

lebenkele la diaparo

warenhuis

fishmongers

vishandelaar

moago wa mabenkele a a mantsi

winkelcentrum

boema dikepe

haven

**serapa**

park

**banka**

bank

**borogo**

brug

**ditepisi**

trap

**kwa tlase ga lefatshe**

metro

**kgogometso**

tunnel

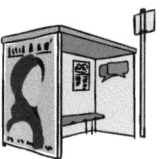

**boemela bese**

bushalte

**bara**

bar

**lefelo la go jela**

restaurant

**lebokose la pose**

brievenbus

**letshwao la tsela**

straatnaambord

**mitara wa go emisa koloi**

parkeermeter

**lefelo la go bonela
diphologolo**

zoo

**letlodi la go thuma**

zwembad

**tempele ya mamoselema**

moskee

polase

boerderij

kgotlelelo

milieuverontreiniging

mabitla

kerkhof

kereke

kerk

lefelo la go tshamekela

speelplaats

temple

tempel

## boago jwa lefelo

## landschap

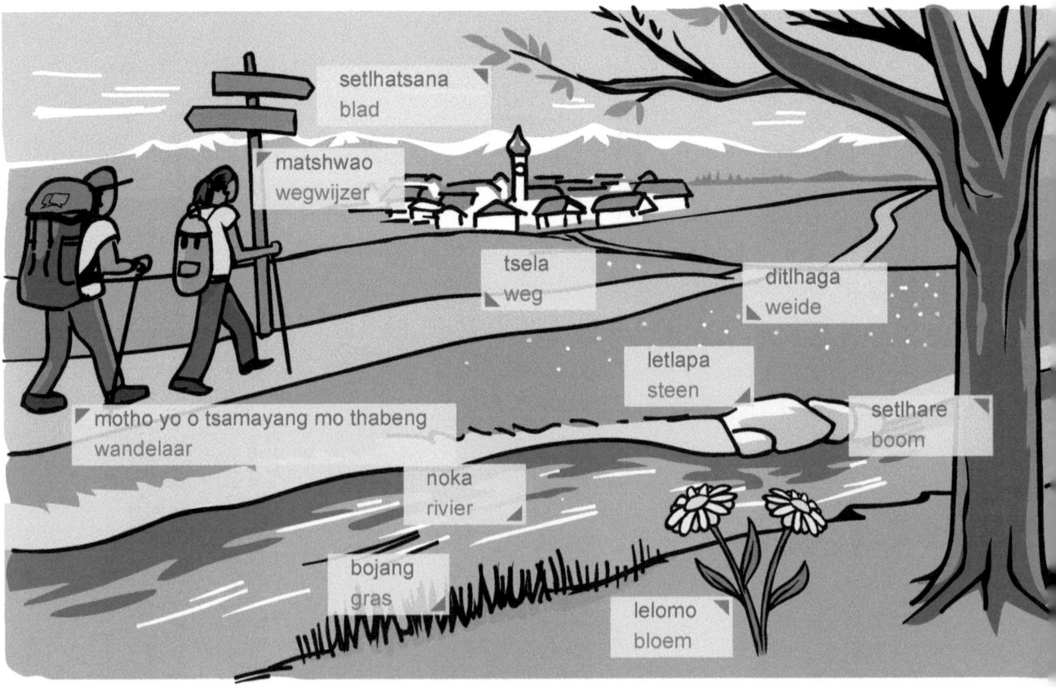

setlhatsana
blad

matshwao
wegwijzer

tsela
weg

ditlhaga
weide

letlapa
steen

setlhare
boom

motho yo o tsamayang mo thabeng
wandelaar

noka
rivier

bojang
gras

lelomo
bloem

mokgatšha
vallei

thatshana
heuvel

lekadiba
meer

sekgwa
bos

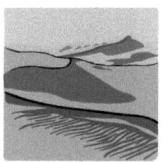

sekaka
woestijn

lekgwamolelo
vulkaan

khasele
kasteel

motshe wa badimo
regenboog

leboa
paddenstoel

mokolana
palmboom

montsane
mug

tshenekegi
vlieg

tshoswane
mier

notshi
bijl

segokgo
spin

khukhwana
kever

segwagwa
kikker

mosha
eekhoorn

noko
egel

mmutla
haas

morubisi
uil

nonyane
vogel

pidipidi
zwaan

dikolobe tsa naga
wild zwijn

kgokong
hert

moose
eland

letamo
dam

sefetlhaphefo
windturbine

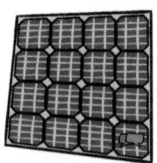

motlakase o o dirilweng ka letsatsi
zonnepaneel

loapi
klimaat

weitara
ober

lenaane la dijo
menu

setulo
stoel

sopo
soep

pizza
pizza

dintsho
bestek

fatuku ya tafole
tafelkleed

sejo sa ntlha
voorgerecht

sejo sa bobedi
hoofdgerecht

dijo tse di naleng sukiri
nagerecht

dino
drankjes

dijo
eten

botlolo
fles

**dijo tsa mo strateng**

fastfood

**dijo tsa seterata**

street food

**ketlele ya tee**

theepot

**sejana sa go tsenya sukiri**

suikerpot

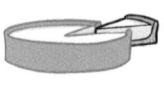

**karolo**

portie

**motšhini wa espresso**

espressomachine

**setulo se se kwa godimo**

kinderstoel

**tshupamolato**

rekening

**terei**

dienblad

**thipa**

mes

**forotlho**

vork

**liso**

lepel

**leswana**

theelepel

**lesela la go iphimola**

serviette

**galase**

glas

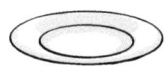

poleiti
bord

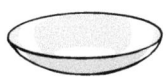

poleiti ya sopo
soepbord

sosara
schoteltje

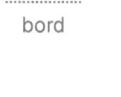

sopo
saus

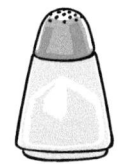

sejana sa letswai
zoutvatje

sesila pepere
pepermolen

aseini
azijn

oli
olie

ditswaiso
kruiden

tamati souso
ketchup

masetete
mosterd

mayonaese
mayonaise

# lebenkele

## supermarkt

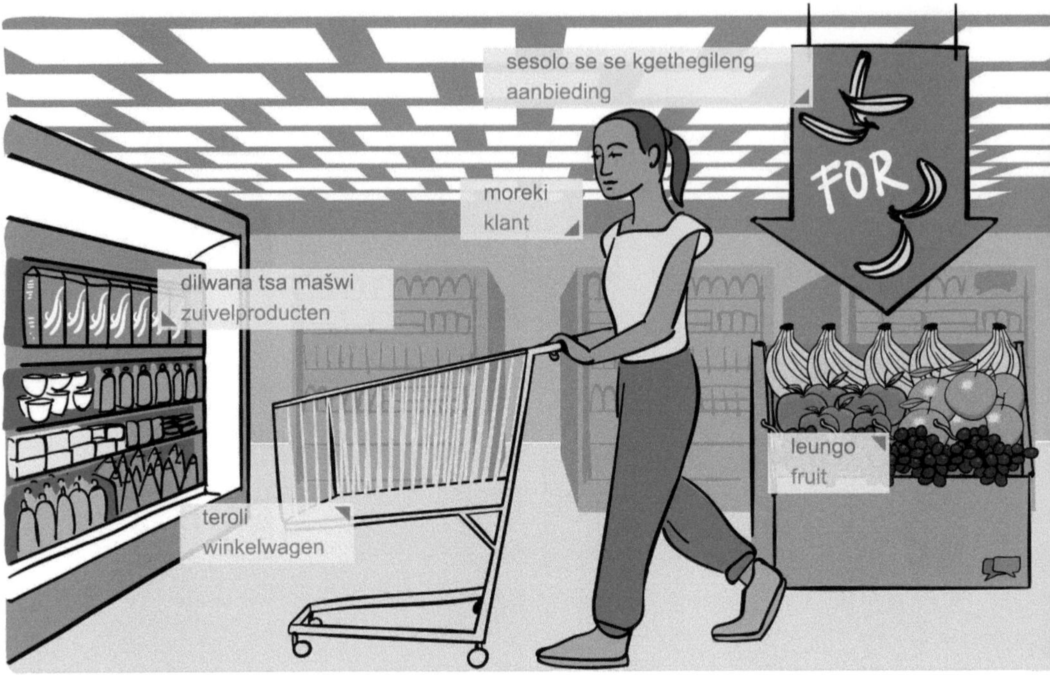
sesolo se se kgethegileng
aanbieding
FOR
moreki
klant
dilwana tsa mašwi
zuivelproducten
leungo
fruit
teroli
winkelwagen

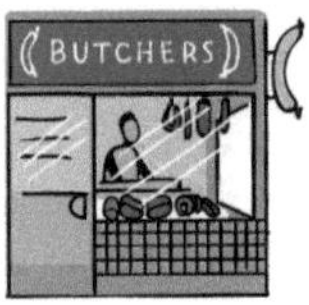
BUTCHERS

batho ba ba segang nama

slagerij

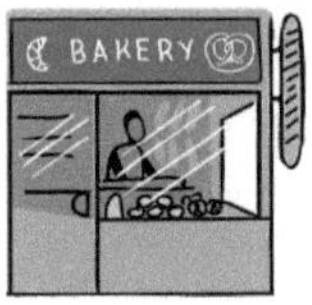
BAKERY

babaki

bakkerij

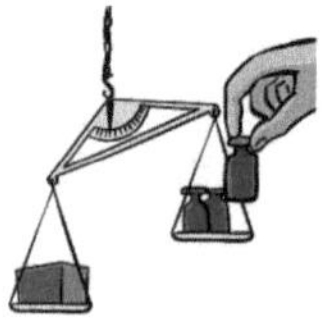

boima

wegen

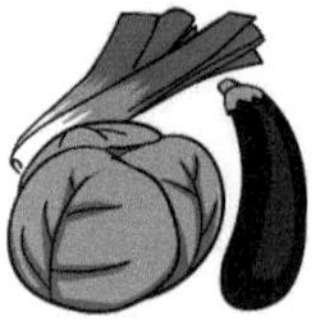

merogo

groenten

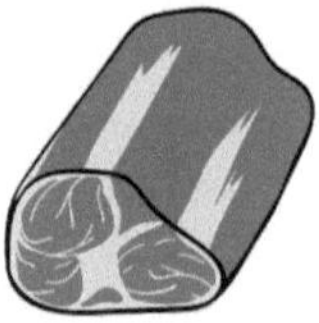

nama

vlees

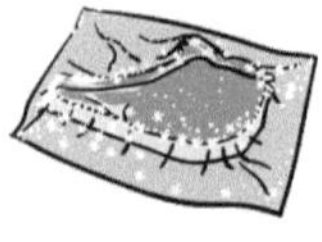

dijo tse di aesitsweng

diepvriesvoedsel

nama e e sa tlhokeng go apewa

charcuterie

dijo tsa thini

conserven

molora o o tlhatswang

waspoeder

dimonamone

snoep

dilwana tsa ntlo

huishoudproducten

dilwana tsa go phepafatsa

schoonmaakproducten

morekisi

verkoopster

motšhini wa madi

kassa

morekisi

kassier

lennane la go reka

boodschappenlijstje

diura tsa go bula

openingstijden

sepatšhe

portefeuille

arata ya go tsaya sekoloto

kredietkaart

kgetsi

tas

kgetsi ya polasetiki

plastieken zakje

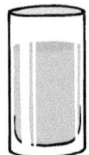

metsi

water

jusi

sap

mašwi

melk

khouku

cola

beine

wijn

biri

bier

bojalwa

alcohol

khoukhou

cacao

tee

thee

kofi

koffie

esepereso

espresso

cappuccino

cappuccino

panana

banaan

apole

appel

namune

sinaasappel

legapu

meloen

surunamune

citroen

segwete

wortel

konofole

knoflook

lotlhaka lwa bampuse

bamboe

eie

ajuin

mabowa

champignon

manoko

noten

di-noodles

noodles

sepagethi

spaghetti

raese

rijst

salate

salade

ditšhipisi

frieten

ditapole tse di gadikilweng

gebakken aardappelen

pizza

pizza

hamburger

hamburger

borotho jo bo tlapisitsweng

sandwich

nama e e gadikilweng

kalfslapje

nama ya kolobe

ham

salami

salami

boroso

worst

koko

kip

gadika

braden

tlhapi

vis

bogobe jwa outse

havervlokken

muesli

muesli

cornflakes

cornflakes

bupi

bloem

croissante

croissant

banse

pistolet

borotho

brood

borotho jo bo besitsweng

toast

bisikiti

koekjes

botoro

boter

tšhisi

kwark

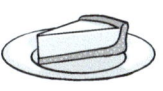

kuku

taart

lee

ei

lee le le gadikilweng

spiegelei

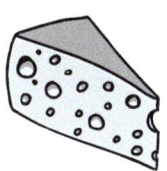

kase

kaas

aesekirimi

ijs

sukiri

suiker

mamepe a dinotshe

honing

jeme

confituur

chokolete e e tshasiwang

choco

khari

curry

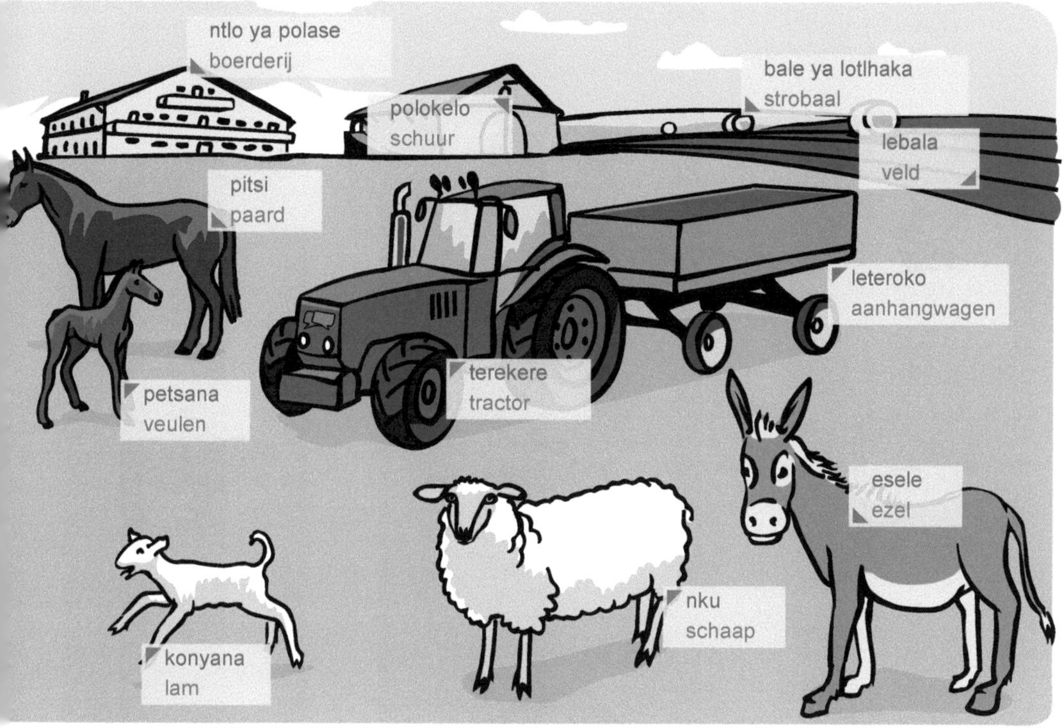

ntlo ya polase
**boerderij**

bale ya lotlhaka
**strobaal**

polokelo
**schuur**

lebala
**veld**

pitsi
**paard**

leteroko
**aanhangwagen**

petsana
**veulen**

terekere
**tractor**

esele
**ezel**

konyana
**lam**

nku
**schaap**

pudi
geit

kgomo
koe

namane
kalf

kolobe
varken

kolojane
biggetje

poo
stier

ganse

gans

pidipidi

eend

kokwanyana

kuiken

mokoko

kip

mokoko

haan

peba

rat

katse

kat

peba

muis

kgomo

os

ntša

hond

ntlo ya ntša

hondenhok

lethompo la tshingwana

tuinslang

tanka ya go nosetsa

gieter

disekele tsa tshipi

zeis

lema

ploeg

disekele

sikkel

setlhagola

schoffel

foroko ya go peta

hooivork

selepe

bijl

kiribae

kruiwagen

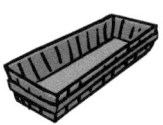

bonwelo

trog

mašwi a a moteng ga
moteme

melkkan

kgetsana

zak

legora

hek

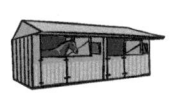

tsepame

stal

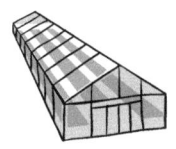

lefelo la go godisa dijalo

broeikas

mmu

bodem

peo

zaad

menyoro

mest

thobo e e kopaneng

maaidorser

thobo
oogsten

thobo
oogst

di-yam
yam

korong
tarwe

soya
soja

tapole
aardappel

korong
maïs

disonobolomo
koolzaad

setlhare sa maungo
fruitboom

cassava
maniok

dijo tsa phakela
graan

sentshamosi
schoorsteen

marulelo
dak

peipe ya deraine
regenpijp

letlhabaphefo
raam

karaje
garage

bele ya setswalo
deurbel

lebati
deur

motene wa matlakala
vuilnisbak

lebokose la dikwalo
brievenbus

tshingwana
tuin

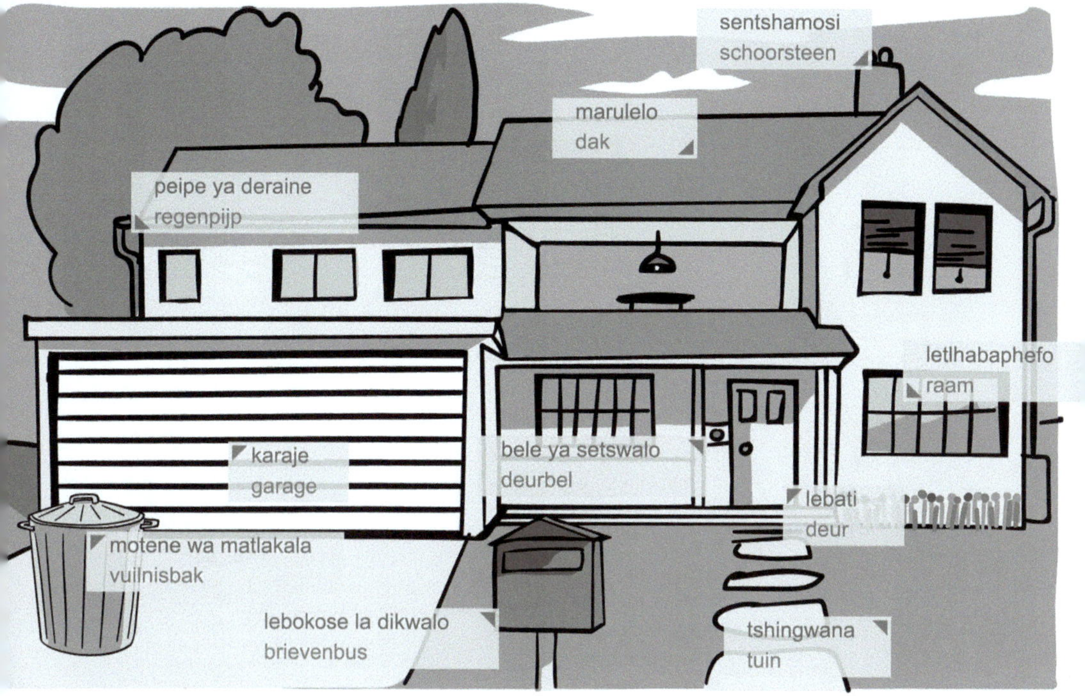

phaposi ya bodulo

woonkamer

phaposi ya go tlhapela

badkamer

boapeelo

keuken

phaposi ya borobalo

slaapkamer

phaposi ya bana

kinderkamer

phaposi ya bojelo

eetkamer

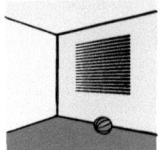

**mo fatshe**
vloer

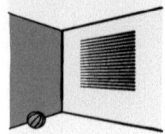

**lebota**
muur

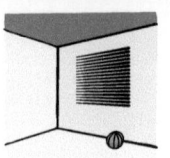

**siling**
plafond

**mabolokelo**
kelder

**se futhumatsa mmele**
sauna

**mokatako**
balkon

**mokgekolosa**
terras

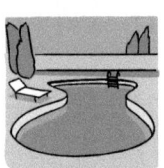

**makadiba**
zwembad

**sedirisiwa sa go sega bojang**
grasmaaier

**lakane**
dekbedovertrek

**kobo**
dekbed

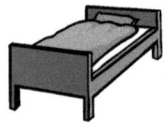

**bolao**
bed

**lefielo**
bezem

**kgamelo**
emmer

**switch**
schakelaar

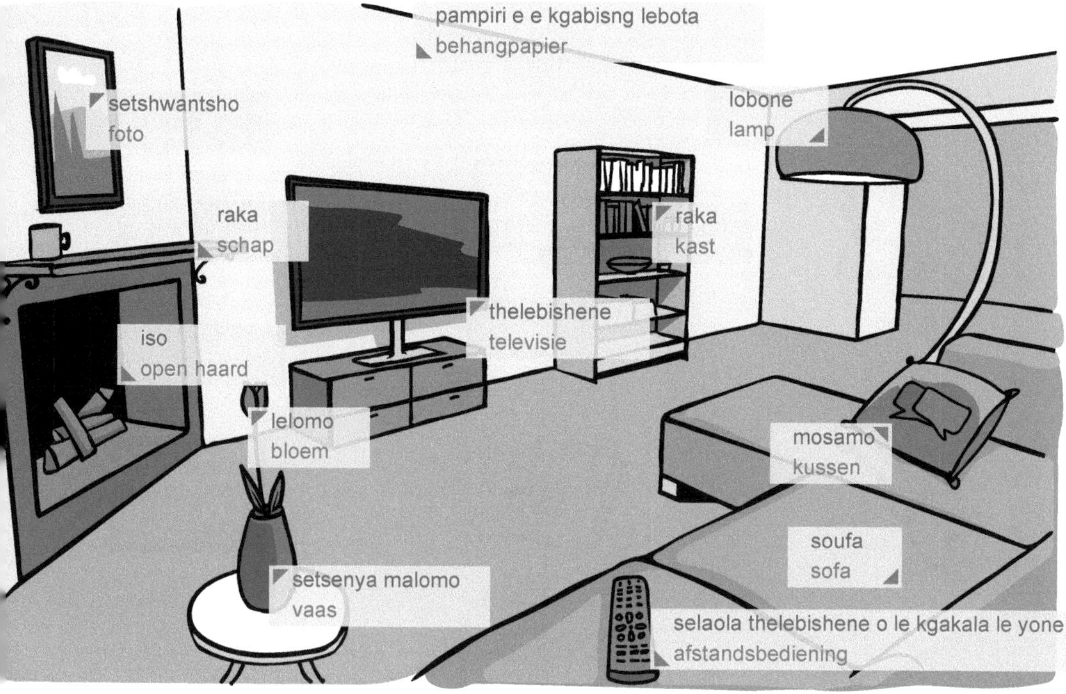

pampiri e e kgabisng lebota
behangpapier

setshwantsho
foto

lobone
lamp

raka
schap

raka
kast

thelebishene
televisie

iso
open haard

lelomo
bloem

mosamo
kussen

soufa
sofa

setsenya malomo
vaas

selaola thelebishene o le kgakala le yone
afstandsbediening

| | | |
|---|---|---|
|  | 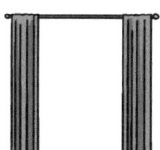 |  |
| mmetshe | garetene | tafole |
| mat | gordijn | tafel |
|  |  |  |
| setulo | setulo se se binang | setulo se se naleng boikego |
| stoel | schommelstoel | fauteuil |

buka

boek

kobo

deken

mokgabiso

decoratie

dikgong tsa molelo

brandhout

filimi

film

hi-fi ya go letsa

stereo-installatie

selotlolo

sleutel

lokwalodikgang

krant

setshwantsho se se
dirilweng ka pente

schilderij

pampiri ya go phasalatsa

poster

seyalemowa

radio

buka ya dintla

notitieboekje

huvara

stofzuiger

motoroko

cactus

kerese

kaars

# boapeelo
# keuken

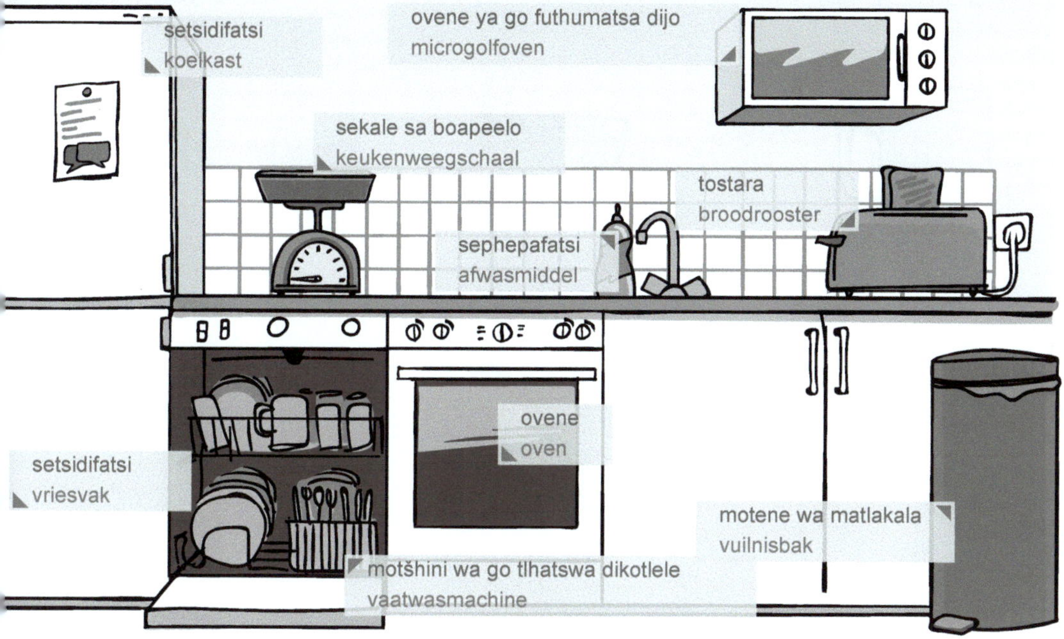
setsidifatsi
koelkast
ovene ya go futhumatsa dijo
microgolfoven
sekale sa boapeelo
keukenweegschaal
tostara
broodrooster
sephepafatsi
afwasmiddel
ovene
oven
setsidifatsi
vriesvak
motene wa matlakala
vuilnisbak
motšhini wa go tlhatswa dikotlele
vaatwasmachine

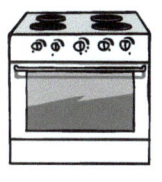

moapei

fornuis

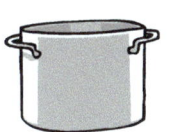

pitsa

pot

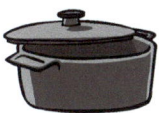

pitsa ya tshipi

gietijzeren pot

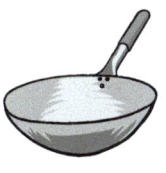

wok / kadai

wok / kadai

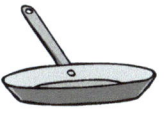

pane

pan

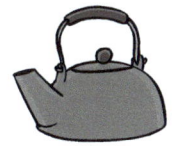

ketlele

waterkoker

sefuthumatsi

stoomkoker

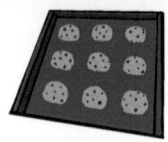

terei ya go baka

bakplaat

dintsho

servies

kopi

mok

sejana

kom

thobane ya go rema

eetstokjes

thoka

pollepel

sepatšhula

spatel

wiskara

garde

setereinara

vergiet

setlhotlhi

zeef

greitara

rasp

kika

mortier

nama ya kgomo

barbecue

molelo o o mopepeneng

haardvuur

boroto ya go segela
·················
snijplank

rolara
·················
deegrol

sebula dibotlolo tsa beine
·················
kurkentrekker

moteme
·················
blik

sebula moteme
·················
blikopener

setshwari sa pitsa
·················
pannenlap

sinki
·················
gootsteen

boratšhe
·················
borstel

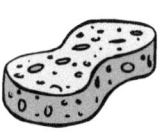

sepontšhe
·················
spons

setlhakanya dijo / maungo
·················
blender

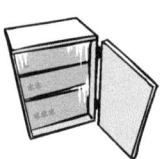

setsidifatsi
·················
vriezer

botlole ya ngwana
·················
papfles

tepe
·················
kraan

# phaposi ya go tlhapela
## badkamer

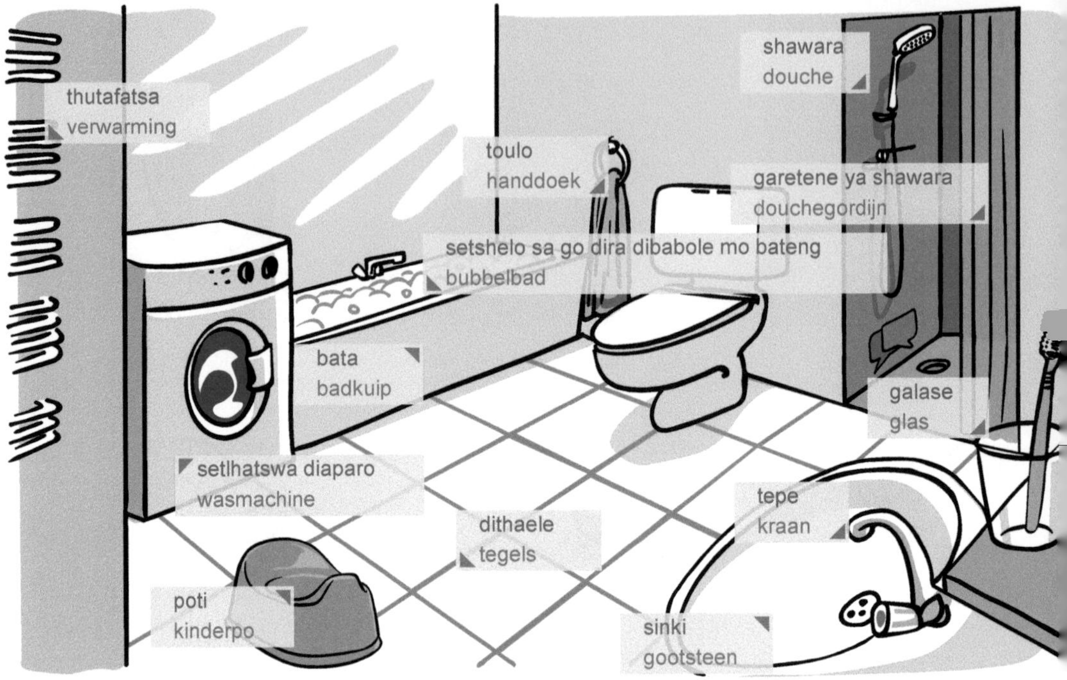

thutafatsa
verwarming
shawara
douche
toulo
handdoek
garetene ya shawara
douchegordijn
setshelo sa go dira dibabole mo bateng
bubbelbad
bata
badkuip
galase
glas
setlhatswa diaparo
wasmachine
tepe
kraan
dithaele
tegels
poti
kinderpo
sinki
gootsteen


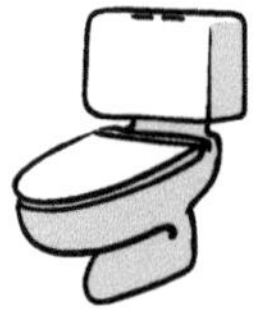

ntlwana

toilet

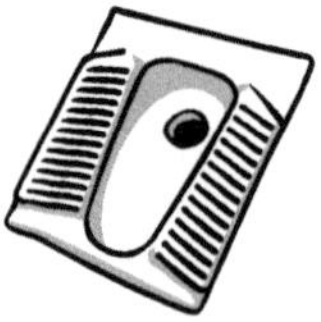

ntlwana ya go kotama

hurktoilet

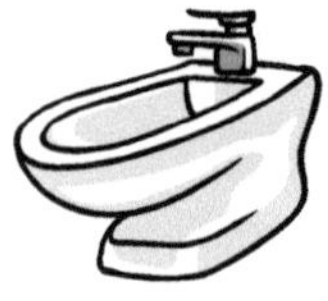

bidete

bidet

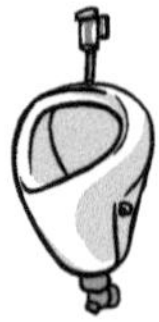

moroto

urinoir

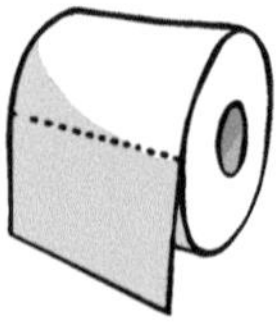

pampiri ya boithomelo

toiletpapier

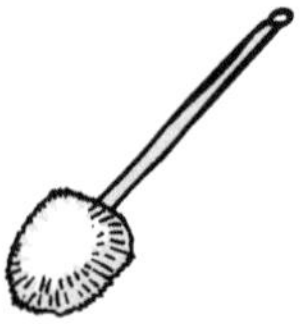

boratšhe jwa ntlwana

toiletborstel

boratšhe jwa meno

tandenborstel

sesepa sa meno

tandpasta

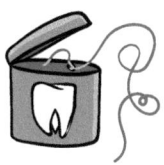

tlhale ya go phepafatsa meno

flosdraad

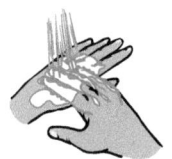

tlhatswa

wassen

shawara ya go itshwarela

handdouche

senkgisa monate

bidethanddouche

beisini

waskom

boratšhe jwa mokwatla

rugborstel

sesepa

zeep

jele ya shawara

douchegel

setlhapisa moriri

shampoo

folanele

washandje

mosele

afvoer

setlolo

crème

senkgamonate

deodorant

seipone

spiegel

seipone sa go itshwarela

handspiegel

legare

scheermes

foumu ya go ntsha moriri

scheerschuim

foumu ya fa o fetsa go
ntsha moriri

aftershave

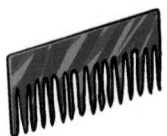

kama

kam

boratšhe

borstel

seomisa moriri

haardroger

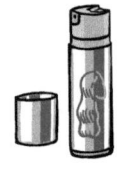

seporei sa moriri

haarlak

seitlole sa sefatlhego

make-up

setlolo sa molomo

lippenstift

pente ya dinala

nagellak

boboa

watten

sekere sa dinala

nagelknipper

leokwane le le nkgang
monate

parfum

**kgetsana ya go tlhatswa**

toilettas

**setulo**

kruk

**sekale sa go lekanya**

weegschaal

**seaparo sa botlhapelo**

badjas

**ditlelafo tsa rekere**

latex handschoenen

**tempone**

tampon

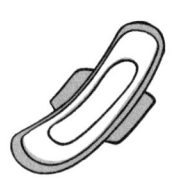

**sedirisiwa sa basadi ba ba mo kgweding**

maandverband

**ntlwana ya khemikhale**

chemisch toilet

# phaposi ya bana
# kinderkamer

tshupanako ya alamo
wekker
mpopi wa go tlamparela
knuffel
koloi e e tshamekang
speelgoedauto
setšhakgatšhakga
rammelaar
ntlo ya dipompi
poppenhuis
poresente
geschenk

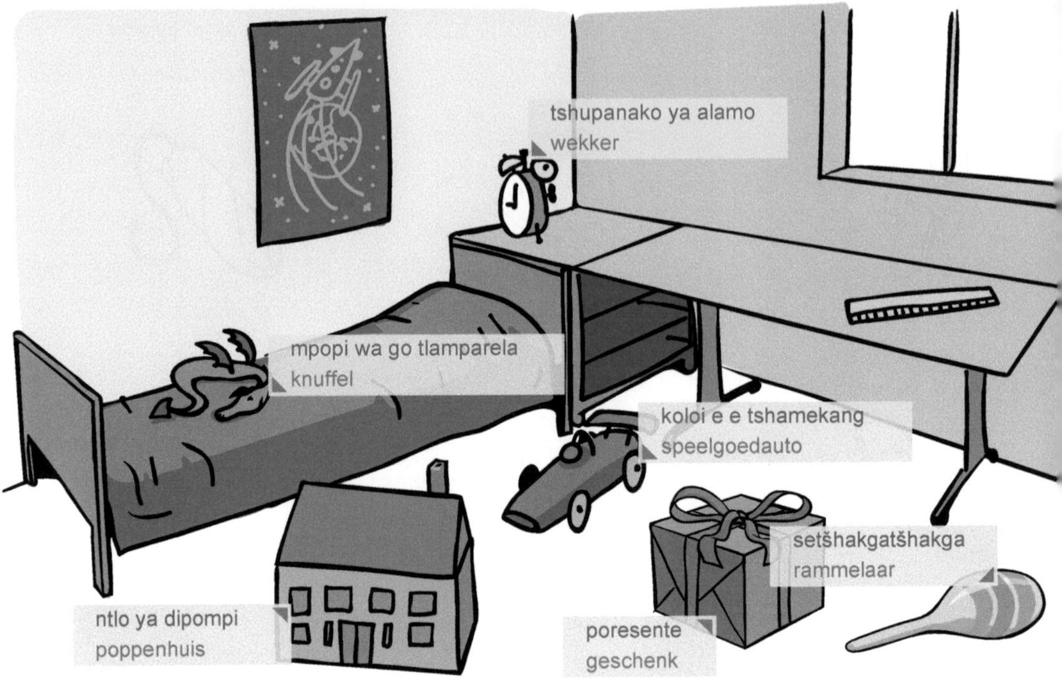

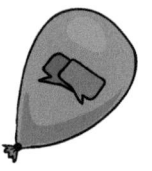

baluni

ballon

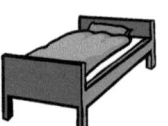

bolao

bed

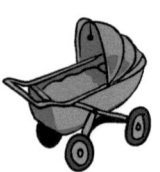

porema

kinderwagen

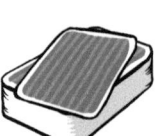

deck of cards

spel kaarten

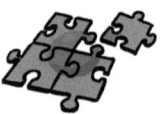

saga ya motlakase

puzzel

SUPER MEGA

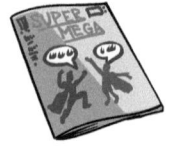

buka ya ditshegisi

stripboek

matlapa a go tshameka
legoblokjes

diboloko tse di tshamekang
blokken

setshwantsho sa motho
actiefiguur

seaparo sa lesea
kruippakje

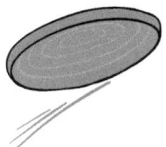

Frisbee
frisbee

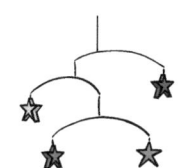

selo sa go letsa mmino mo
ditsebeng
mobiel

motshameko wa boroto
bordspel

daese
dobbelsteen

terena
modelspoorweg

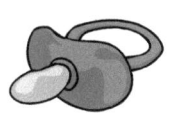

tami
fopspeen

moletlo
feest

buka ya ditshwantsho
prentenboek

bolo
bal

mpopi
pop

tshameka
spelen

lebala le le naleng santa

zandbak

moswinki

schommel

ditshamekisi tsa bana

speelgoed

motshameko wa dibidio

spelconsole

baesekele ya maotwana a a mararo

driewieler

bera e e diretsweng go tshamekisa bana

knuffelbeer

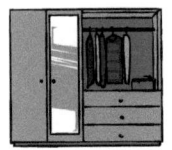

raka ya go baya diaparo

kleerkast

## seaparo

## kleding

dikausu

sokken

dikausu tsa basadi

kousen

dithaetse

maillot

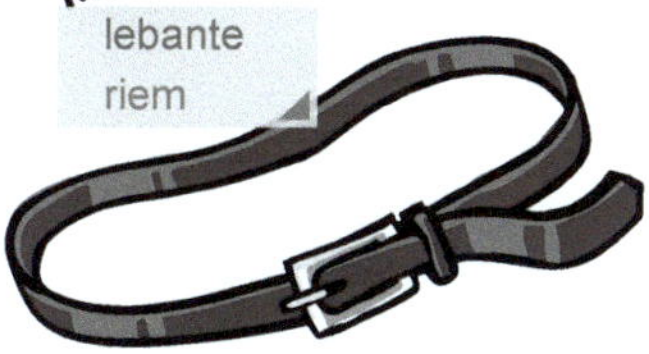

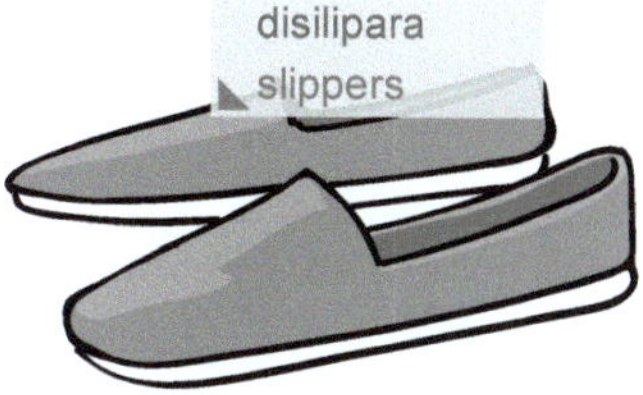

sekhafo
sjaal

sekhukhu
paraplu

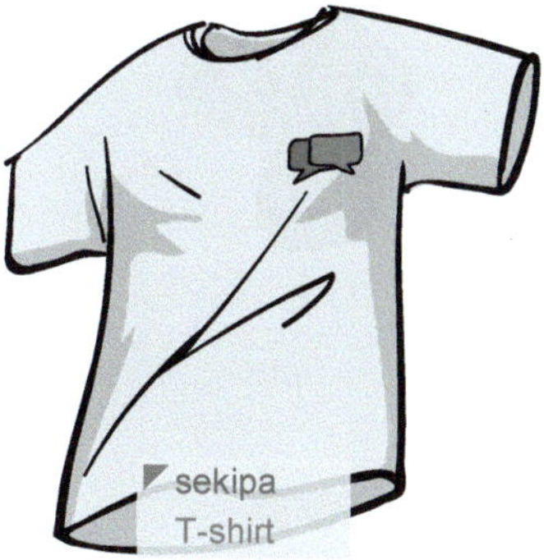

lebante
riem

sekipa
T-shirt

diteki
sneakers

dibutshi
laarzen

disilipara
slippers

dimphatšhane
sandalen

ditlhako
schoenen

dibutshi tsa rekere
rubberlaarzen

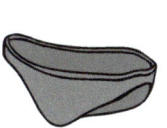

borukgwe jwa kwateng
onderbroek

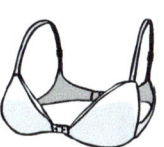

boraa
beha

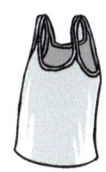

besete
onderhemd

seaparo - kleding

**mmele**
lichaam

**borukgwe**
broek

**bokate**
jeans

**sekete**
rok

**bolaose**
blouse

**hempe**
hemd

**jeresi e e senang matsogo**
trui

**jakete e e enaleng hutshe**
capuchontrui

**boleisara**
blazer

**jakete**
jas

**jase**
jas

**jase ya pula**
regenjas

**khosetjhumo**
kostuum

**mosese**
jurk

**mosese wa lenyalo**
trouwjurk

sutu

pak

seaparo sa bosigo

nachthemd

diaparo tsa go robala

pyjama

sari

sari

sekhafa sa tlhogo

hoofddoek

turban

tulband

burqa

boerka

kaftan

kaftan

abaya

abaya

seaparo sa go thuma

badpak

diteranka

zwembroek

borukgwe jo bo khutshwane

short

terekesutu

trainingspak

seaparo sa go phephafatsa

schort

ditlelafo

handschoenen

talama

knoop

diborele

bril

sebaga

armband

sebaga sa mo thamong

ketting

palamonwana

ring

lengena

oorbel

kepisi

pet

sepega baki

kapstok

hutshe

hoed

tae

das

zepe

rits

hutshe ya sethuthuthu

helm

ditrata tsa meno

bretellen

diaparo tsa sekolo

schooluniform

diaparo tsa mmereko /
diaparo tsa sekolo

uniform

bebe
slabbetje

tami
fopspeen

mongato
luier

# kantoro
## kantoor

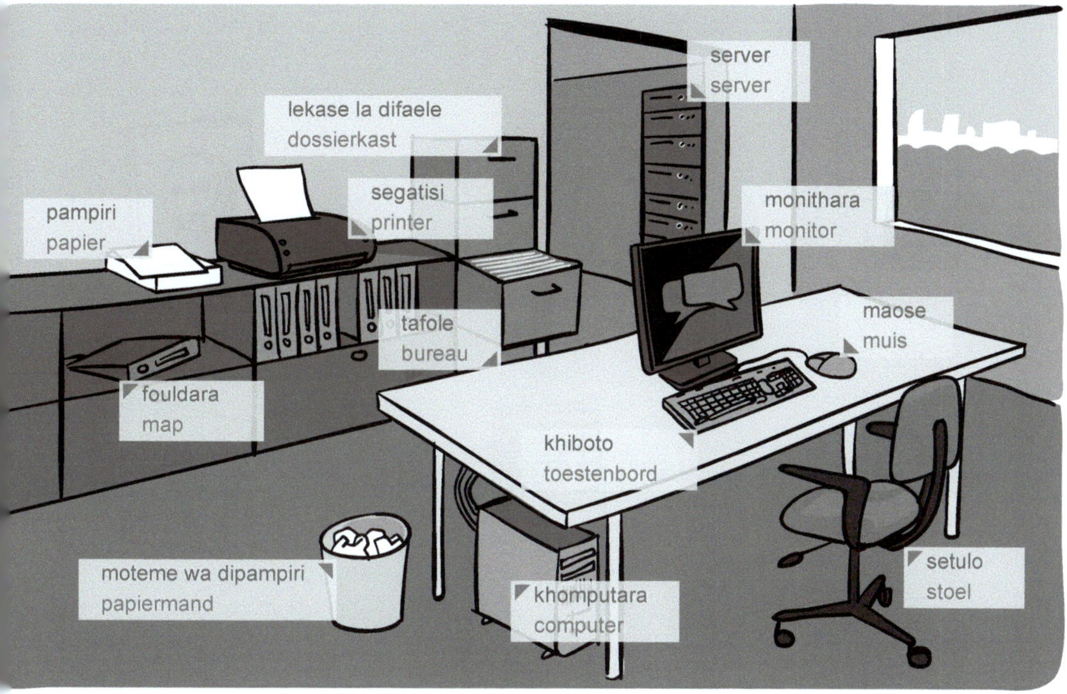

server
server

lekase la difaele
dossierkast

segatisi
printer

monithara
monitor

pampiri
papier

maose
muis

tafole
bureau

fouldara
map

khiboto
toestenbord

setulo
stoel

moteme wa dipampiri
papiermand

khomputara
computer

kopi
koffiemok

khalkhuleitara
rekenmachine

inthanete
internet

lapothopo

laptop

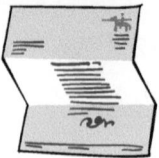

lekwalo

brief

molaetsa

bericht

mogala wa letheka

gsm

kgolagano ya megala

netwerk

segatisa dipampiri

kopieerapparaat

software

software

mogala

telefoon

sokete ya polaka

stopcontact

motšhini wa fekese

fax

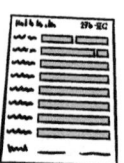

foromo

formulier

setlankana

document

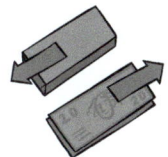

reka

kopen

patela

betalen

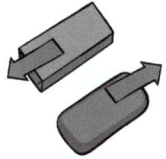

rekisa

handelen

madi / tšhelete

geld

**USD**

dolara

dollar

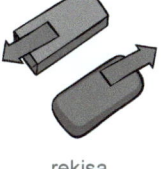

**EUR**

euro

euro

**JPY**

yen

yen

**RUB**

roubele

roebel

**CHF**

swiss franc

Zwitserse frank

**CNY**

renminbi yuan

Chinese renminbi

**INR**

rupee

roepie

lefelo la madi

geldautomaat

kantoro ya go fetola madi

wisselkantoor

gauta

goud

selefera

zilver

oli

olie

maatla

energie

tlhwatlhwa

prijs

konteraka

contract

lekgetho

belasting

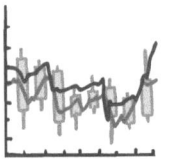

setoko

aandeel

dira

werken

mothapiwa

werknemer

mothapi

werkgever

bodirelo

fabriek

lebenkele

winkel

# maemo
# beroepen

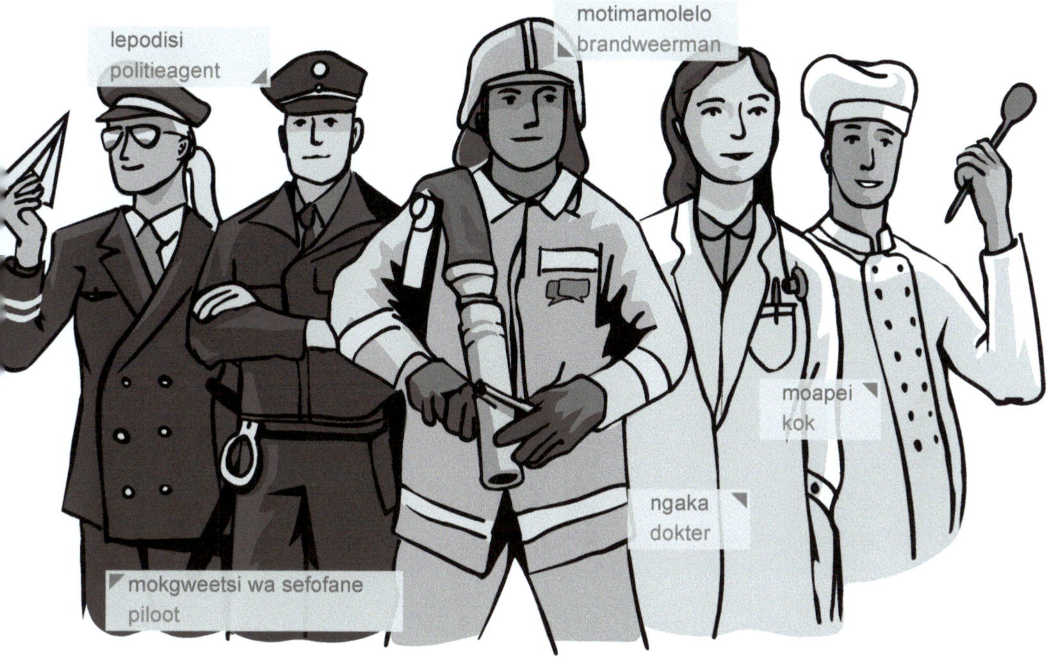
lepodisi
politieagent
motimamolelo
brandweerman
moapei
kok
ngaka
dokter
mokgweetsi wa sefofane
piloot

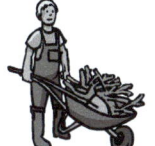

ratshingwana

tuinman

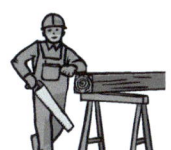

mmetli wa dikgong

timmerman

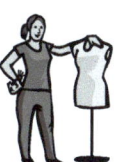

moroki

naaister

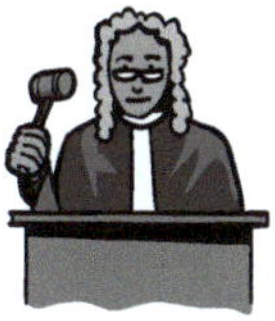

moatlhodi

rechter

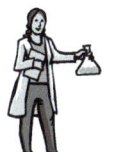

moitse wa melemo

chemicus

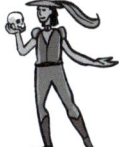

modiragatsi

acteur

mokgweetsi wa bese

buschauffeur

mokgweetsi wa tekisi

taxichauffeur

motshwari wa ditlhapi

visser

Mme yo o phepafatsang

schoonmaakster

moruledi

dakdekker

weitara

ober

motsumi

jager

motaki

schilder

mmesi wa senkgwe

bakker

ramotlakase

elektricien

moagi

bouwvakker

moenjenere

ingenieur

mosegi wa nama

slager

motsenyi wa diphaepe tsa metsi

loodgieter

motsamaisa poso

postbode

**leshole**

soldaat

**modiri wa dipolane**

architect

**morekisi**

kassier

**morekisi wa malomo**

bloemist

**mokgabisamoriri**

kapper

**kondactara**

conducteur

**mokheneke**

mecanicien

**mokapeteine**

kapitein

**ngaka ya meno**

tandarts

**Rasaense**

wetenschapper

**moruti**

rabbijn

**imam**

imam

**moitlami**

monnik

**moruti**

geestelijke

# didiriswa
## werktuigen

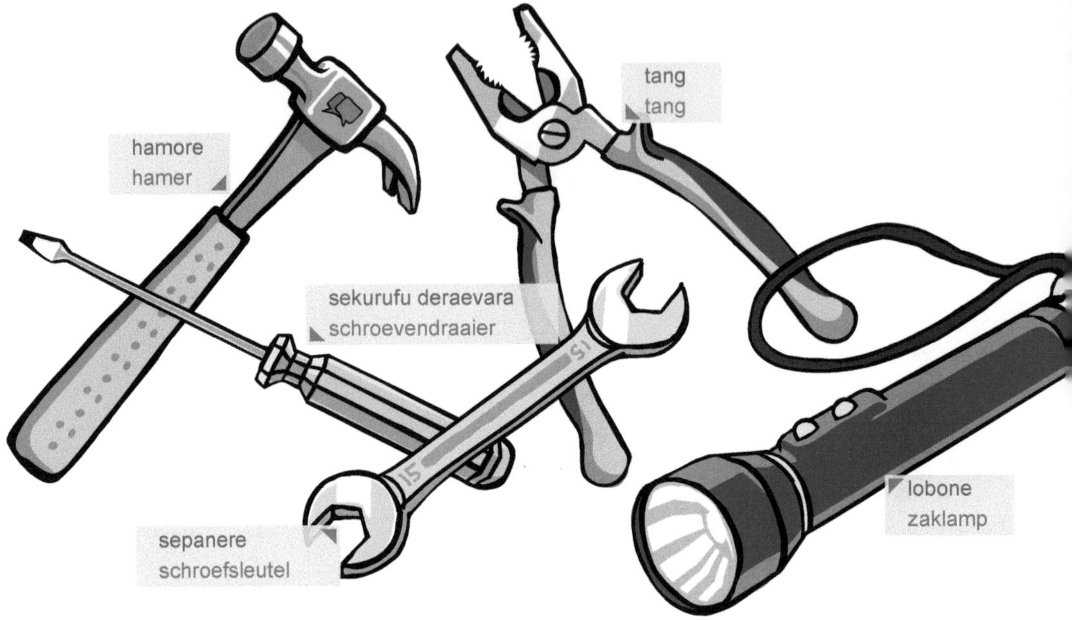

tang
tang
hamore
hamer
sekurufu deraevara
schroevendraaier
lobone
zaklamp
sepanere
schroefsleutel


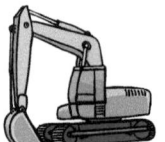

moepi

graafmachine

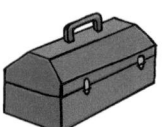

bokoso ya didirisiwa

gereedschapskoffer

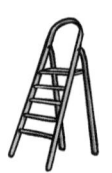

lere

ladder

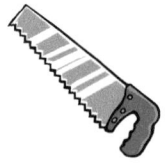

saga

zaag

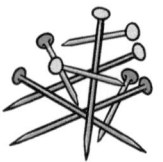

dipekere

spijkers

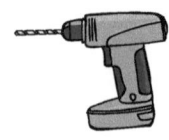

sebori

boormachine

baakanya

repareren

garawe

schop

ijaa!

Verdomme!

seolela matlakala

blik

pitsa ya pente

verfpot

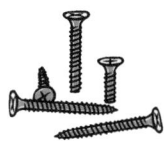

sekurufu

schroeven

## didirisiwa tsa mmino
## muziekinstrumenten

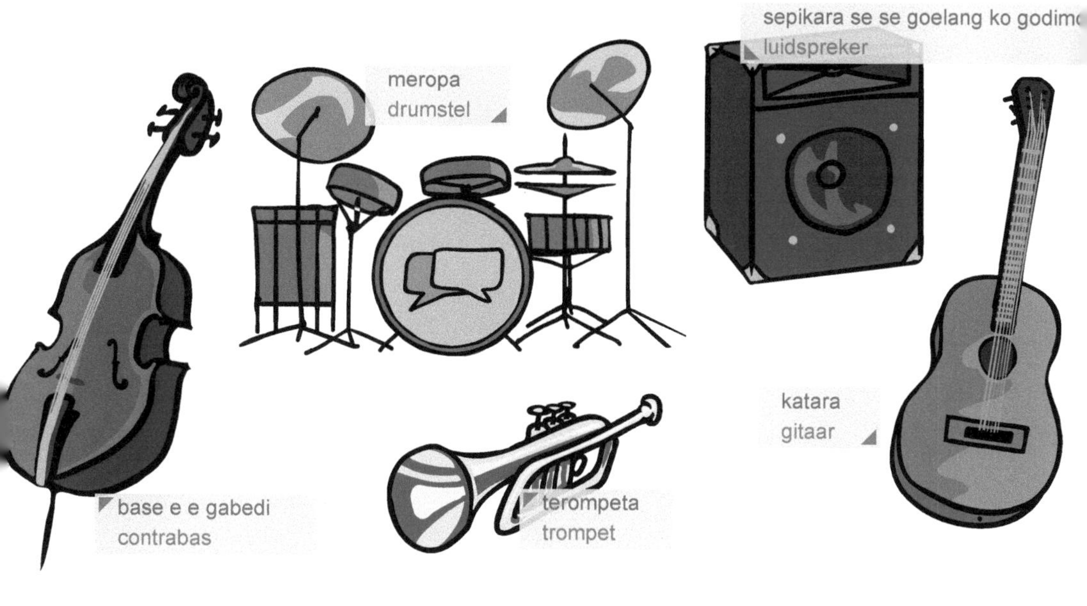

meropa
drumstel

sepikara se se goelang ko godimo
luidspreker

katara
gitaar

base e e gabedi
contrabas

terompeta
trompet

piano

piano

bayolini

viool

base

basgitaar

timpane

pauk

meropa

trommels

khiboto

keyboard

sekesofone

saxofoon

phala

fluit

sebuela godimo

microfoon

# lefelo la go bonela diphologolo

## zoo

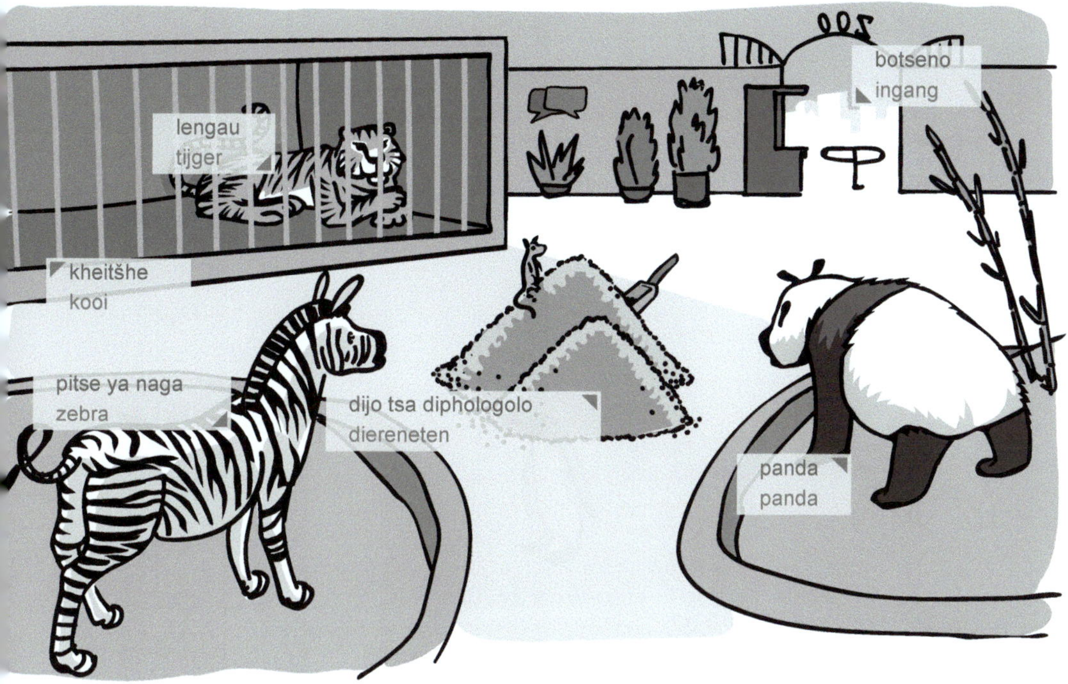

lengau
tijger
botseno
ingang
kheitšhe
kooi
pitse ya naga
zebra
dijo tsa diphologolo
diereneten
panda
panda


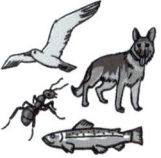

diphologolo

dieren

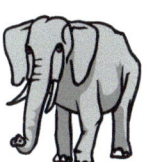

tlou

olifant

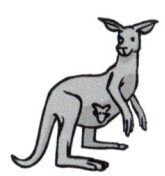

dikhankaruu

kangoeroe

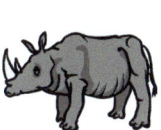

tshukudu

neushoorn

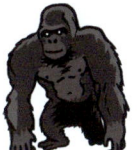

tshweni

gorilla

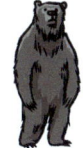

bera

beer

kamela
kameel

kalakune
struisvogel

tau
leeuw

tshwene
aap

flamingo
flamingo

papalagae
papegaai

bera e e dulang ko lefelong
le le tsididi thata
ijsbeer

nonyane tsa lewatle
pinguïn

leruarua
haai

phikoko
pauw

noga
slang

kwena
krokodil

motlhokomedi wa
diphologolo
dierenverzorger

sili
zeehond

katse
jaguar

petsana

pony

lengau

luipaard

tshukudu

nijlpaard

thutlwa

giraffe

ntsu

adelaar

dikolobe tsa naga

wild zwijn

tlhapi

vis

khudu

zeeschildpad

walrus

walrus

ntja ya naga

vos

tshephe

gazelle

kgwele ya dinao ya Amerika
rugby

motshameko wa baesekele
wielrennen

tenese
tennis

baseketebolo
basketbal

thuma
zwemmen

motshameko wa go lwa ka diatla
boksen

hockey ya mo aeseng
ijshockey

kgwele ya dinao
voetbal

badminthone
badminton

atletiki
atletiek

kgwele ya diatla
handbal

skiing
skiën

polo
polo

# didirwa
## activiteiten

tshega
lachen
tlola
springen
tlamparela
knuffelen
tsamaya
wandelen
opela
zingen
lora
dromen
rapela
bidden
atla
kussen

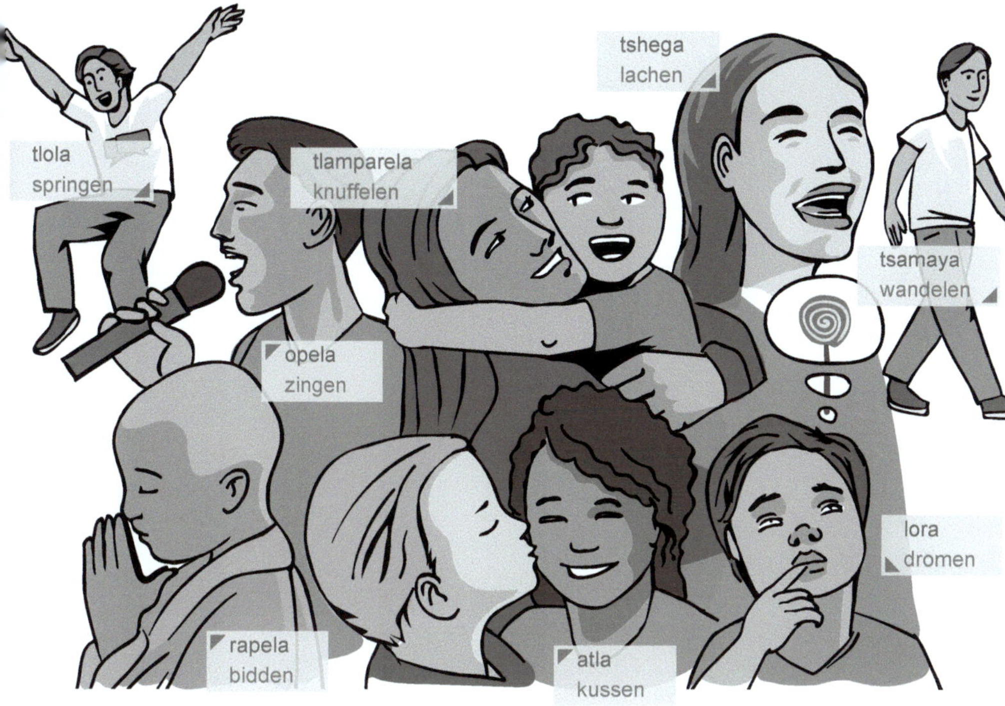

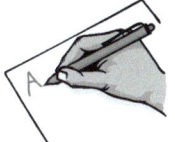

kwala

schrijven

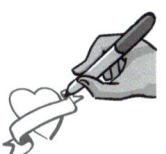

torowa

tekenen

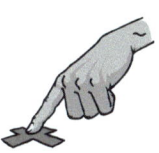

bontsha

tonen

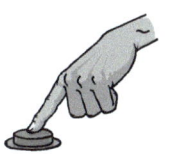

kgorometsa

duwen

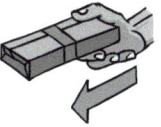

naya

geven

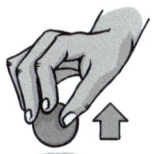

tsaya

nemen

**go nna**

hebben

**dira**

doen

**nna**

zijn

**ema**

staan

**taboga**

lopen

**goga**

trekken

**latlha**

gooien

**wa**

vallen

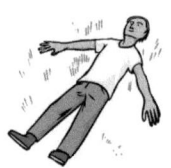

**maaka**

liggen

**ema**

wachten

**tsholetsa**

dragen

**dula**

zitten

**apara**

aankleden

**robala**

slapen

**tsoga**

ontwaken

**leba**

kijken naar

**lela**

wenen

**thuma ka lemorago**

aaien

**kama**

kammen

**bua**

praten

**tlhaloganya**

begrijpen

**botsa**

vragen

**reetsa**

luisteren

**nwa**

drinken

**ja**

eten

**phepafatsa**

opruimen

**lorato**

houden van

**apaya**

koken

**kgweetsa**

rijden

**fofa**

vliegen

seila

zeilen

khalkhuleitara

rekenen

bala

Lezen

ithute

leren

dira

werken

nyala

trouwen

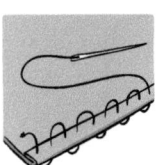

roka

naaien

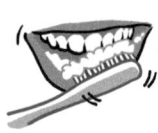

tlhapa meno

tandenpoetsen

bolaya

doden

tsuba

roken

romela

sturen

# lelapa
# familie

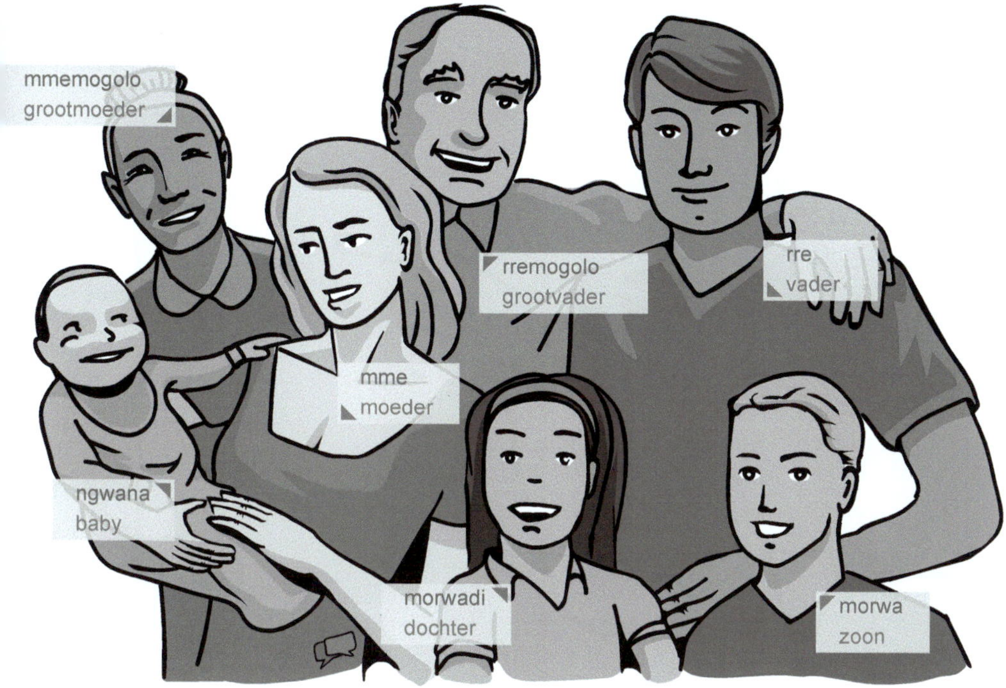
mmemogolo
grootmoeder
rremogolo
grootvader
rre
vader
mme
moeder
ngwana
baby
morwadi
dochter
morwa
zoon

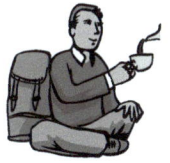

moeng
gast

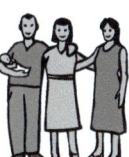

mmangwane
tante

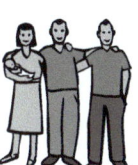

malome
oom

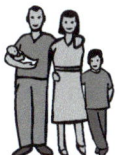

abuti
broer

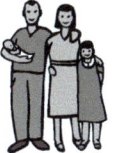

ausi
zus

# mmele

# lichaam

phatlha
voorhoofd
leitlho
oog
legetla
schouder
monwana
vinger
sefatlhego
gezicht
seledu
kin
seatla
hand
leoto
been
letsele
borst
letsogo
arm


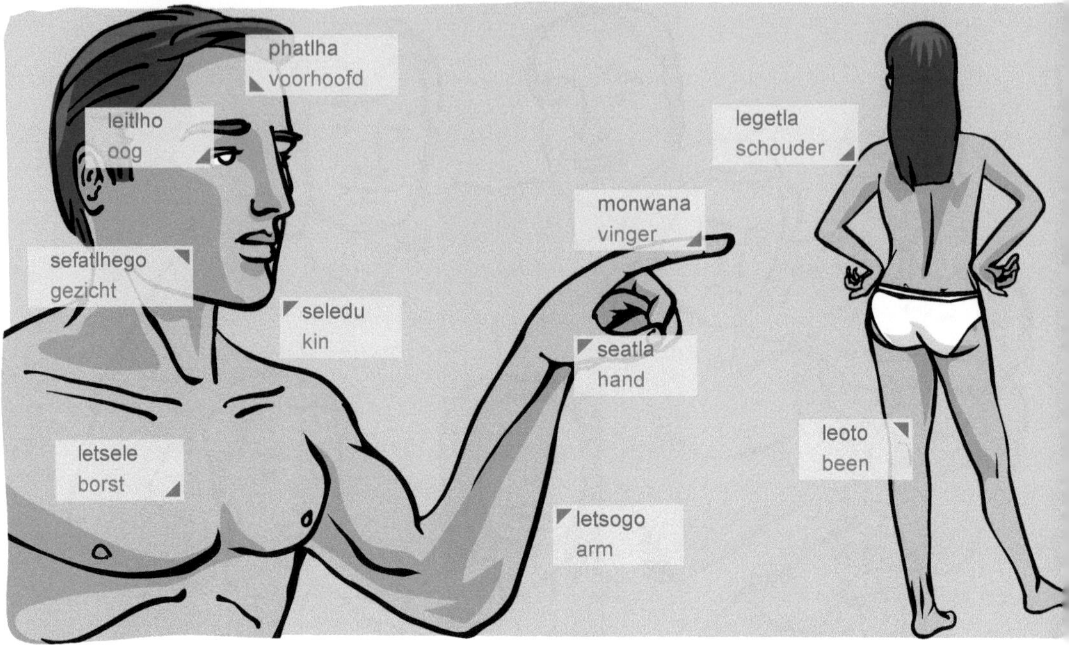

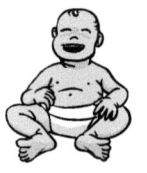

ngwana

baby

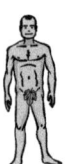

monna

man

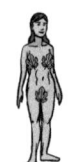

mosadi

vrouw

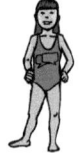

mosetsana

meisje

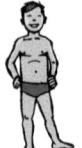

mosimane

jongen

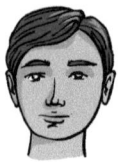

tlhogo

hoofd

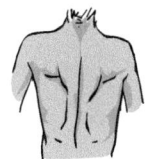

mokwatla
rug

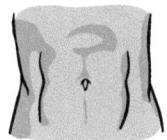

mpa
buik

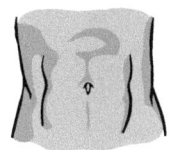

khubu
navel

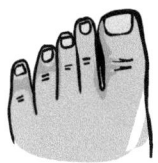

monwana
teen

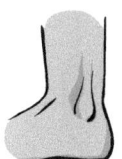

serethe
hiel

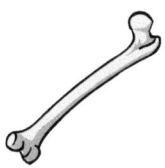

lerapo
bot

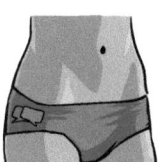

letheka
heup

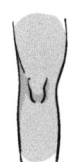

lengole
knie

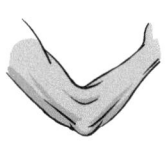

sekgono
elleboog

nko
neus

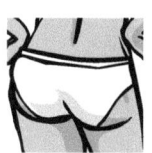

ko tlase
zitvlak

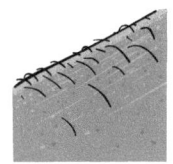

letlalo
huid

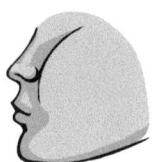

lerama
wang

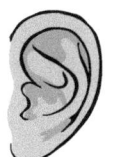

tsebe
oor

pounama
lip

mmele - lichaam

molomo

mond

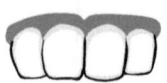

leino

tand

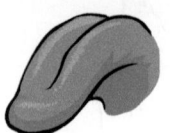

loleme

tong

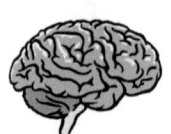

boboko

hersenen

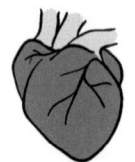

pelo

hart

maatla

spier

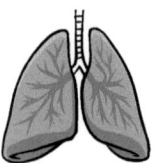

lekgwafo

long

sebete

lever

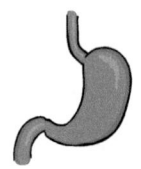

mala

maag

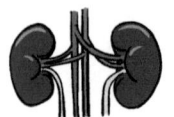

diphio

nieren

bong

seks

mosomelwana

condoom

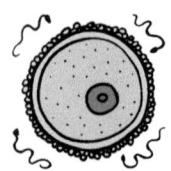

sebelegi sa ngwana

eicel

semen

sperma

moimana

zwangerschap

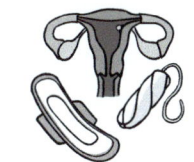

dinako tsa go tla ka kgwedi
tsa basadi
.................
menstruatie

serwe sa mosadi
.................
vagina

serwe sa monna
.................
penis

dintshi
.................
wenkbrauw

moriri
.................
haar

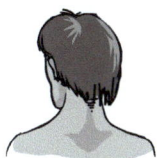

thamo
.................
nek

# sepetlele
# ziekenhuis

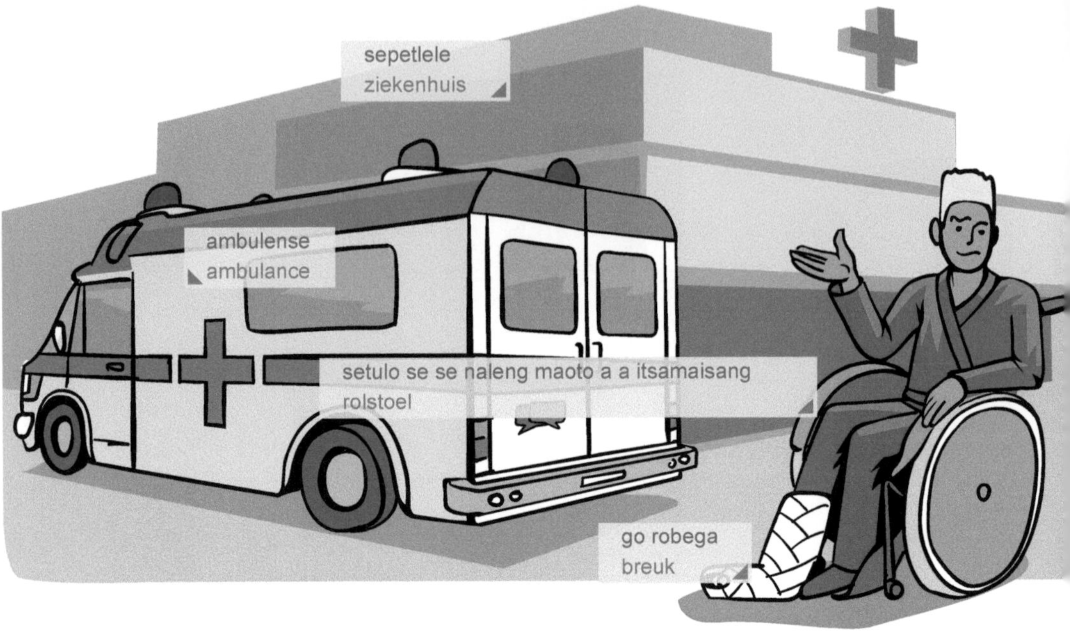

sepetlele
ziekenhuis
ambulense
ambulance
setulo se se naleng maoto a a itsamaisang
rolstoel
go robega
breuk


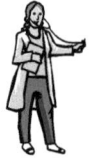

ngaka

dokter

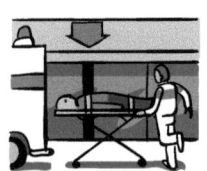

phaphosi ya tshoganyetso

spoed

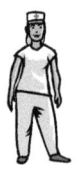

mooki

verpleegkundige

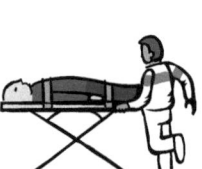

tshoganyetso

noodgeval

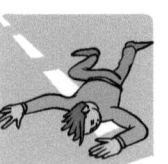

idibala

bewusteloos

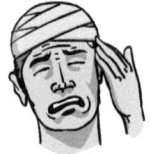

setlhabi

pijn

**kgobalo**

verwonding

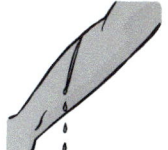

**go dutla madi**

bloeding

**tlhaselo ya pelo**

hartaanval

**setorouko**

beroerte

**bolwetsi**

allergie

**go gotlhola**

hoest

**fulu**

koorts

**fulu**

griep

**letshololo**

diarree

**opiwa ke tlhogo**

hoofdpijn

**kankere**

kanker

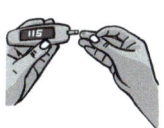

**sukiri ya mmele**

diabetes

**moari**

chirurg

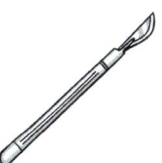

**sekalepele**

scalpel

**karo**

operatie

CT

CT

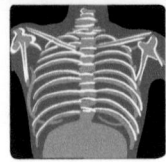

x-ray

röntgenstraal

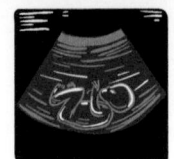

motšhini wa go leba mo mpeng

ultrageluid

sesira sefatlhego

gezichtsmasker

twatsi

ziekte

phaposi boletelo

wachtkamer

dithobane

kruk

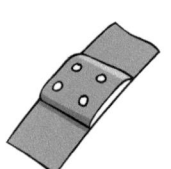

polasetara

pleister

sefapho

verband

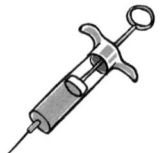

lemao

injectie

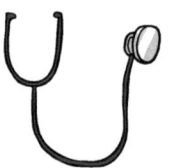

setetosekoupu

stethoscoop

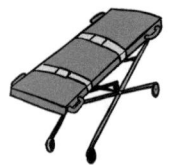

seteretšhara

brancard

themometara ya bongaka

thermometer

pelegi

geboorte

bokima jwa mmele

overgewicht

sedirisiwa sa go thusa go
utlwa

hoorapparaat

sesireletsa dintho

ontsmettingsmiddel

tshwaetso

infectie

mogare

virus

HIV / AIDS

HIV / AIDS

melemo

medicijn

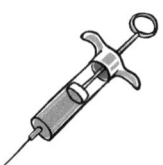

mokento

vaccinatie

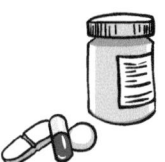

thabolete

tabletten

pilisi

pil

mogala wa tshoganyetso

noodoproep

motšhini wa go ela tlhoko
kgatelelo ya madi

bloeddrukmeter

lwala / itekanetse

ziek / gezond

Thusa!

Help!

alamo

alarm

tshotlako

overval

tlhasela

aanval

kotsi

gevaar

kgoro ya tshoganyetso

nooduitgang

Molelo!

Brand!

setima moleleo

brandblusser

kotsi

ongeval

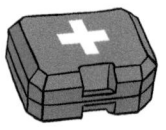

khiti ya go thusa ka
dikgobalo

EHBO-kit

SOS

SOS

lepodisi

politie

Yuropa

Europa

Bokone jwa Amerika

Noord-Amerika

Borwa jwa Amerika

Zuid-Amerika

Aforika

Afrika

Asia

Azië

Australia

Australië

Atlantic

Atlantische Oceaan

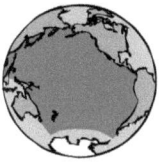

Pacific

Stille Oceaan

Lewatle la India

Indische Oceaan

Lewatle la Antarctic

Antarctische Oceaan

Lewatle la Arctic

Arctische Oceaan

Bokone

Noordpool

Borwa

Zuidpool

Antartica

Antarctica

Lefatshe

aarde

lefatshe

land

lewatle

zee

losi lwa lewatle

eiland

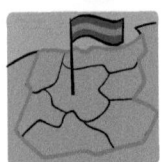

lotso

natie

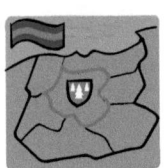

boemo

staat

lentle la tshupanako

wijzerplaat

letsogo la ura

uurwijzer

letsogo la metsotso

minuutwijzer

letsogo la metsotswana

secondewijzer

ke nako mang?

Hoe laat is het?

letsatsi

dag

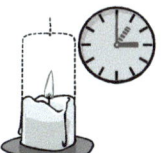

nako

tijd

go ne jaanong

nu

tshupanako ya dijithale

digitale horloge

metsotso

minuut

ura

uur

# beke

## week

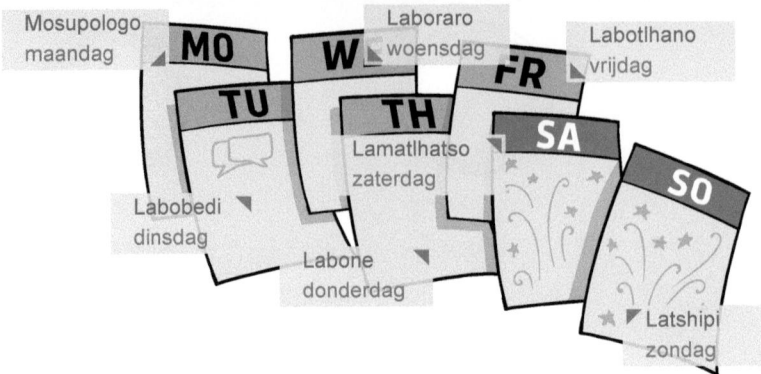

Mosupologo
maandag

**MO**

Laboraro
woensdag

**W**

Labotlhano
vrijdag

**FR**

**TU**

**TH**

Lamatlhatso
zaterdag

**SA**

**SO**

Labobedi
dinsdag

Labone
donderdag

Latshipi
zondag

maabane
................

gisteren

gompieno
................

vandaag

kamoso
................

morgen

moso
................

ochtend

thapama
................

middag

maitseboa
................

avond

| MO | TU | WE | TH | FR | SA | SU |
|----|----|----|----|----|----|----|
| 1 | 2 | 3 | 4 | 5 | 6 | 7 |
| 8 | 9 | 10 | 11 | 12 | 13 | 14 |
| 15 | 16 | 17 | 18 | 19 | 20 | 21 |
| 22 | 23 | 24 | 25 | 26 | 27 | 28 |
| 29 | 30 | 31 | 1 | 2 | 3 | 4 |

malatsi a tiro
................

werkdagen

| MO | TU | WE | TH | FR | SA | SU |
|----|----|----|----|----|----|----|
| 1 | 2 | 3 | 4 | 5 | 6 | 7 |
| 8 | 9 | 10 | 11 | 12 | 13 | 14 |
| 15 | 16 | 17 | 18 | 19 | 20 | 21 |
| 22 | 23 | 24 | 25 | 26 | 27 | 28 |
| 29 | 30 | 31 | 1 | 2 | 3 | 4 |

mafelo a beke
................

weekend

# ngwaga

## jaar

pula
regen
motshe wa badimo
regenboog
letlhwa
sneeuw
phefo
wind
dikgakologo
lente
letlhafula
herfst
selemo
zomer
mariga
winter


4.APRIL 11°
5.APRIL 4°
6.APRIL 13°
7.APRIL 8°
8.APRIL 10°


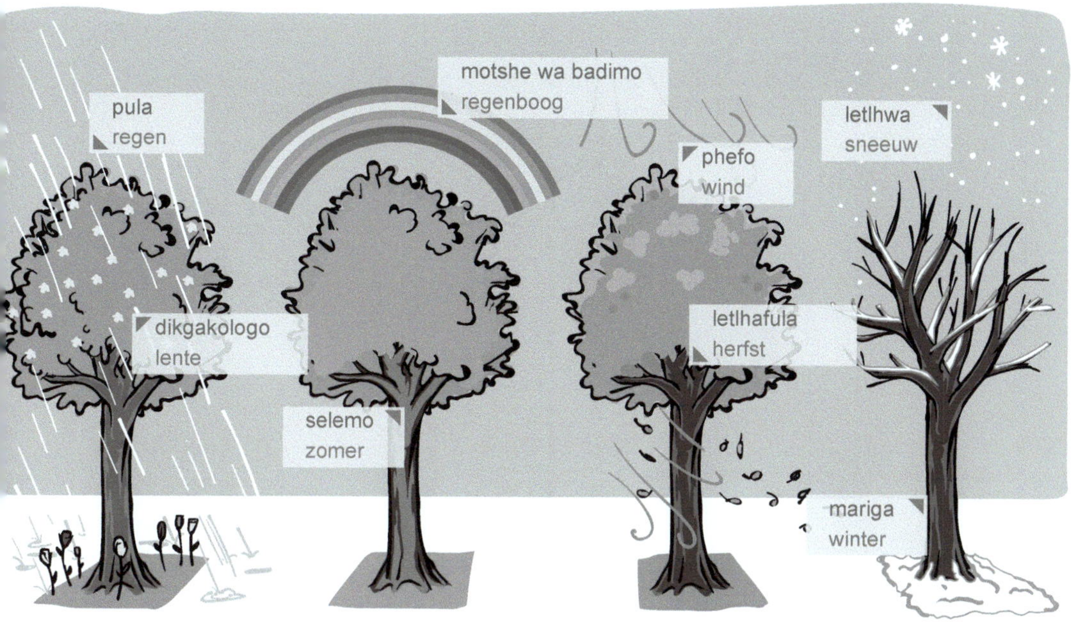

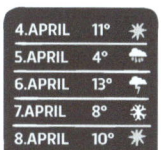

botsogo jwa loapi

weervoorspelling

F C
40
120 30
90 20
60 10
30 0
0 -10
-30 -20


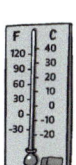

themomithara

thermometer

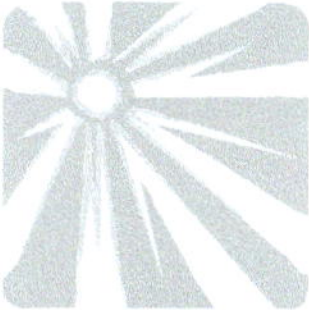

letsatsi

zonneschijn

leru

wolk

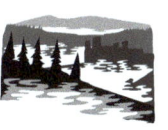

mouwane

mist

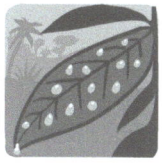

humidity

vochtigheid

legadima

bliksem

modumo wa maru

donder

matsubutsubu

storm

sefako

hagel

monsoon

moesson

morwalela

overstroming

aese

ijs

Ferikgong

januari

Tlhakole

februari

Mopitlwe

maart

Moranang

april

Motsheganong

mei

Seetebosigo

juni

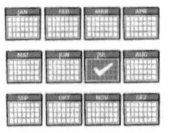

Phukwi

juli

Phatwe

augustus

**Lwetse**

september

**Diphalane**

oktober

**Ngwanaatsele**

november

**Sedimonthole**

december

## dipopego

## vormen

**kgolokwe**

cirkel

**khutlonne**

kwadraat

**khutlonnetsepa**

rechthoek

**khutlotharo**

driehoek

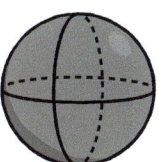

**khutlo**

bol

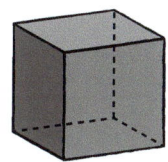

**khiubu**

kubus

tshweu

wit

serolwana

geel

mmala wa namune

oranje

pinki

roze

khibidu

rood

bohibidu jo bo mokgona

paars

pududu

blauw

tala

groen

tshetlha

bruin

tshetlha

grijs

ntsho

zwart

go le gontsi / go nnye

veel / weinig

go kwata / go ritibala

boos / kalm

montle / maswe

mooi / lelijk

tshimologo / bofelo

begin / einde

tonna / nnyane

groot / klein

lesedi / lefifi

licht / donker

abuti / ausi

broer / zus

phepa / leswe

proper / vuil

feletse / go sa felela

volledig / onvolledig

motshegare / bosigo

dag / nacht

o sule / o a tshela

dood / levend

bophara / tshesane

breed / smal

**ya jega / ga e jege**

eetbaar / oneetbaar

**bosula / molemo**

kwaadaardig / vriendelijk

**go itumela thata / go se itumele**

opgewonden / verveeld

**nonne / tshesane**

dik / dun

**ntlha / bofelo**

eerst / laatst

**tsala / sera**

vriend / vijand

**tletse / lolea**

vol / leeg

**thata / bonolo**

hard / zacht

**bokete / motlhofo**

zwaar / licht

**tlala / lenyora**

honger / dorst

**lwala / itekanetse**

ziek / gezond

**dumelesega / dumeletswe**

illegaal / legaal

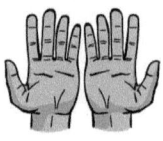

**botlhale / sematla**

intelligent / dom

**molema / moja**

links / rechts

**gaufi / kgakala**

dichtbij / veraf

**sesha / ya kgale**

nieuw / gebruikt

**sepe / sengwe**

niets / iets

**mogolo / mosha**

oud / jong

**tsenya / tima**

aan / uit

**bula / tswetswe**

open / dicht

**tidimalo / modumo**

stil / luid

**khumo / lehuma**

rijk / arm

**siame / phoso**

juist / fout

**ditlhotlhori / borethe**

ruw / glad

**hutsafetse / itumetse**

droevig / blij

**khutshwane / telele**

kort / lang

**bonya / bonako**

traag / snel

**metsi / omile**

nat / droog

**mololo / tsididi**

warm / koud

**ntwa / kagiso**

oorlog / vrede

| **0** | **1** | **2** |
|---|---|---|
| lefela | nngwe | pedi |
| nul | één | twee |

| **3** | **4** | **5** |
|---|---|---|
| tharo | nne | tlhano |
| drie | vier | vijf |

| **6** | **7** | **8** |
|---|---|---|
| thataro | supa | robedi |
| zes | zeven | acht |

| **9** | **10** | **11** |
|---|---|---|
| robonngwe | lesome | some nngwe |
| negen | tien | elf |

**12**

some pedi
twaalf

**13**

some tharo
dertien

**14**

some nne
veertien

**15**

some tlhano
vijftien

**16**

some thataro
zestien

**17**

some supa
zeventien

**18**

some robedi
achtien

**19**

some robonngwe
negentien

**20**

masomamabedi
twintig

**100**

lekgolo
honderd

**1.000**

sekete
duizend

**1.000.000**

milione
miljoen

Sejatlhapi

Engels

Sejatlhapi sa Amerika

Amerikaans Engels

se-China

Chinees (Mandarijn)

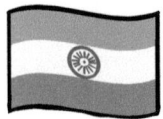

se-Hindi

Hindi

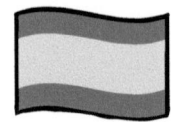

se-Spanish

Spaans

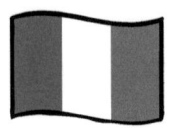

se-For a

Frans

se-Araba

Arabisch

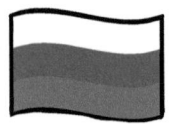

se-Russia

Russisch

se-Potokisi

Portugees

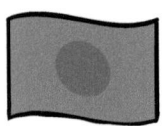

se-Bengali

Bengali

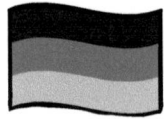

se-Jeremane

Duits

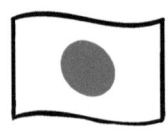

se-Japane

Japans

Nna

ik

wena

u

ene / ene / sone

hij / zij / het

re

wij

wena

u

bone

ze

mang?

wie?

eng?

wat?

jang?

hoe?

kae?

waar?

leng?

wanneer?

leina

naam

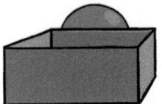

mo morago

achter

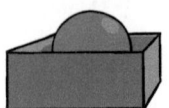

mo

in

fa pele ga

voor

godimo

boven

mo

op

fa tlase

onder

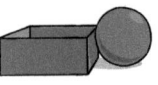

mo thoko

naast

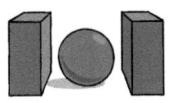

magareng

tussen

lefelo

plaats